MAX AXIOM

Y LA SOCIEDAD DE SUPERCIENTÍFICOS

DESHIELO POLAR

ESCRITO POR **CAROL KIM**
ILUSTRADO POR **ERIK DOESCHER**

T0025660

CAPSTONE PRESS
a capstone imprint

Publicado por Capstone Press, una marca de Capstone
1710 Roe Crest Drive, North Mankato, Minnesota 56003
capstonepub.com

Los datos de catalogación previos a la publicación se encuentran disponibles en el sitio web de la Biblioteca del Congreso.
ISBN: 9781669066002 (tapa dura)
ISBN: 9781669065999 (tapa blanda)
ISBN: 9781669066033 (libro electrónico PDF)

¡El hielo del Ártico está desapareciendo! Pero ¿por qué se derriten las cimas nevadas, los glaciares y los icebergs y cuál es el impacto en el planeta? En esta novela gráfica de no ficción, Max Axiom y la Sociedad de supercientíficos tienen la misión de averiguarlo.

Créditos editoriales
Editores: Abby Huff y Aaron Sautter; Diseñador: Brann Garvey; Investigadora de medios: Svetlana Zhurkin; Especialista en producción: Whitney Schaefer

Todos los sitios de internet que aparecen en el contenido especial estaban correctos y disponibles al momento de la impresión.

Printed and bound in China. PO 5593

TABLA DE CONTENIDO

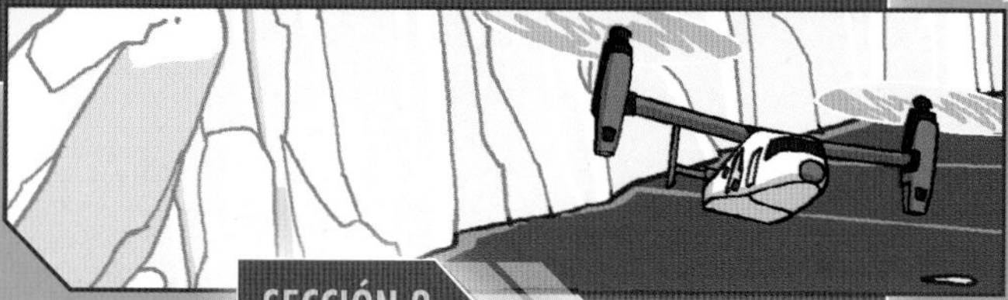

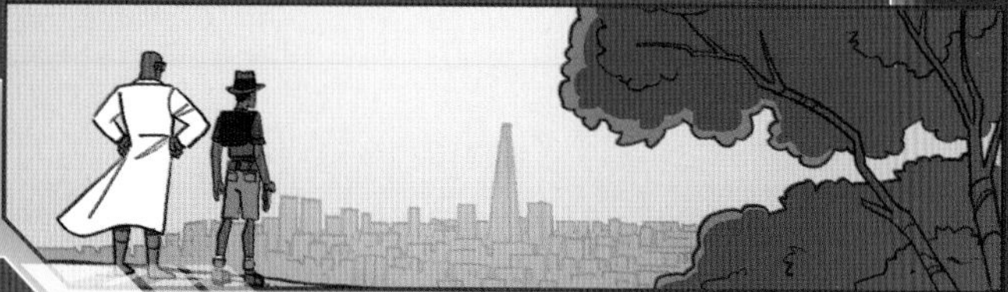

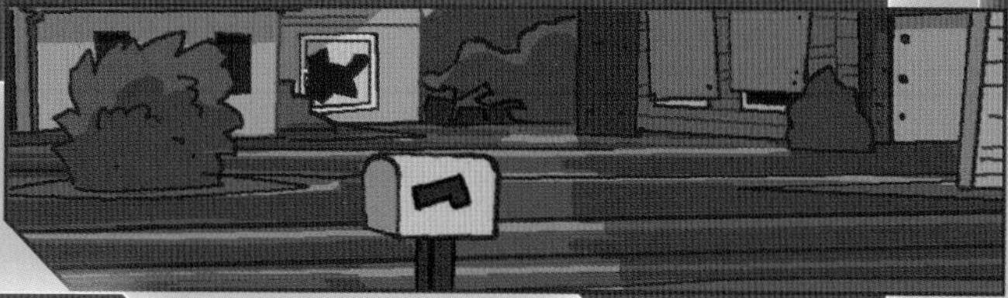

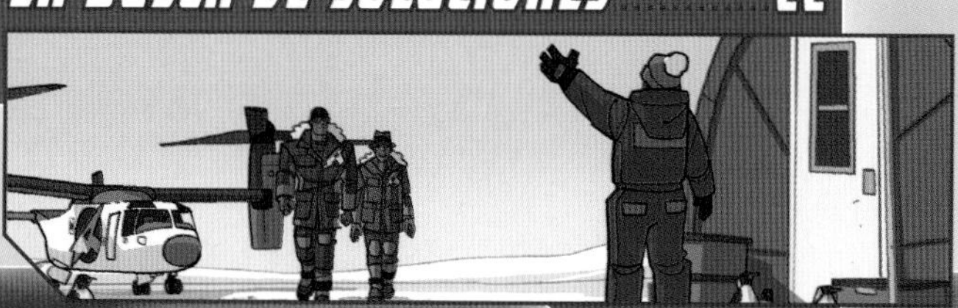

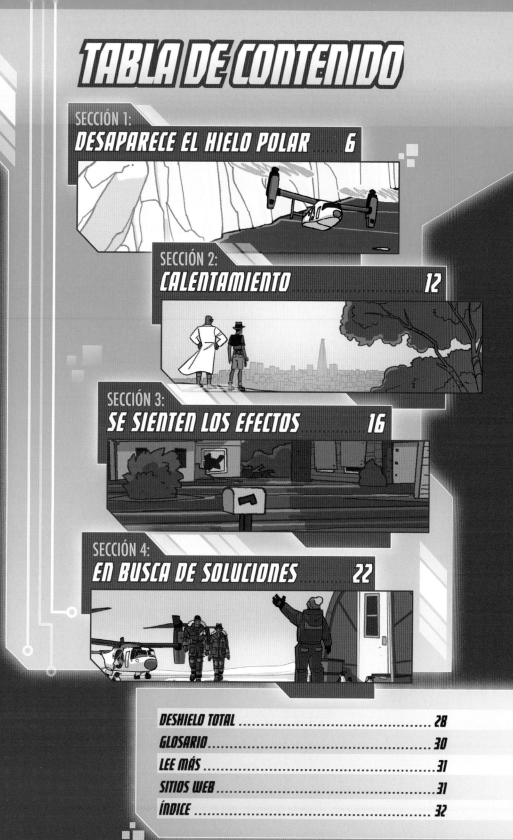

LA SOCIEDAD DE SUPERCIENTÍFICOS

MAX AXIOM

Después de muchos años de estudio, Max Axiom, el primer supercientífico en el mundo, comprendió que los misterios del universo eran demasiado vastos como para descubrirlos él solo. ¡Por esto creó la Sociedad de supercientíficos!

Con sus superpoderes y su superinteligencia, este equipo talentoso investiga los problemas científicos y medioambientales más urgentes de la actualidad y aprende sobre las medidas que todos podemos tomar para resolverlos.

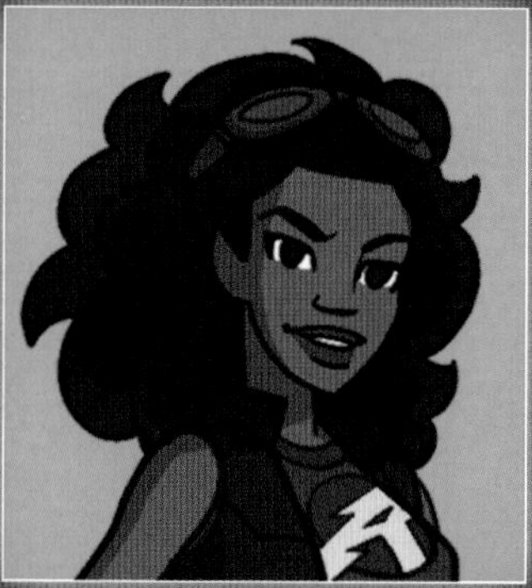

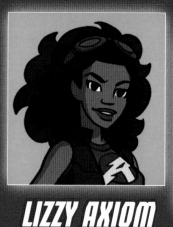

LIZZY AXIOM

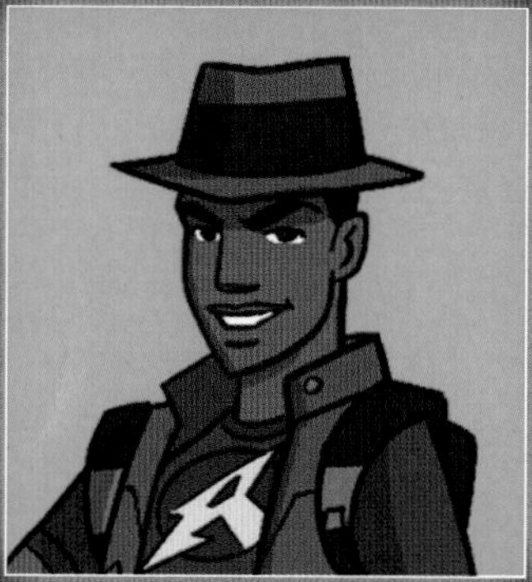

NICK AXIOM

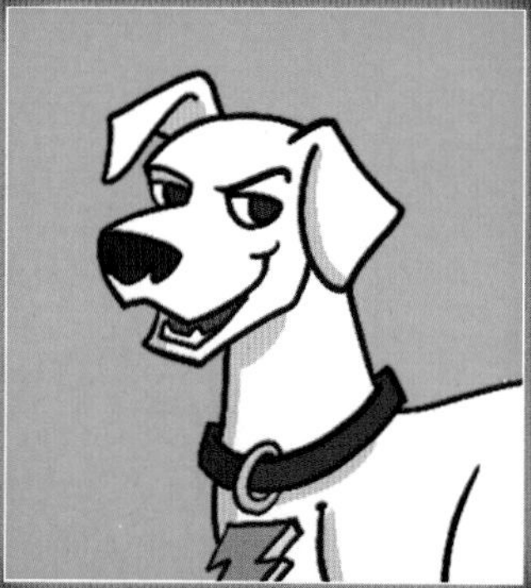

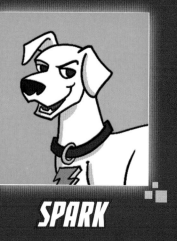

SPARK

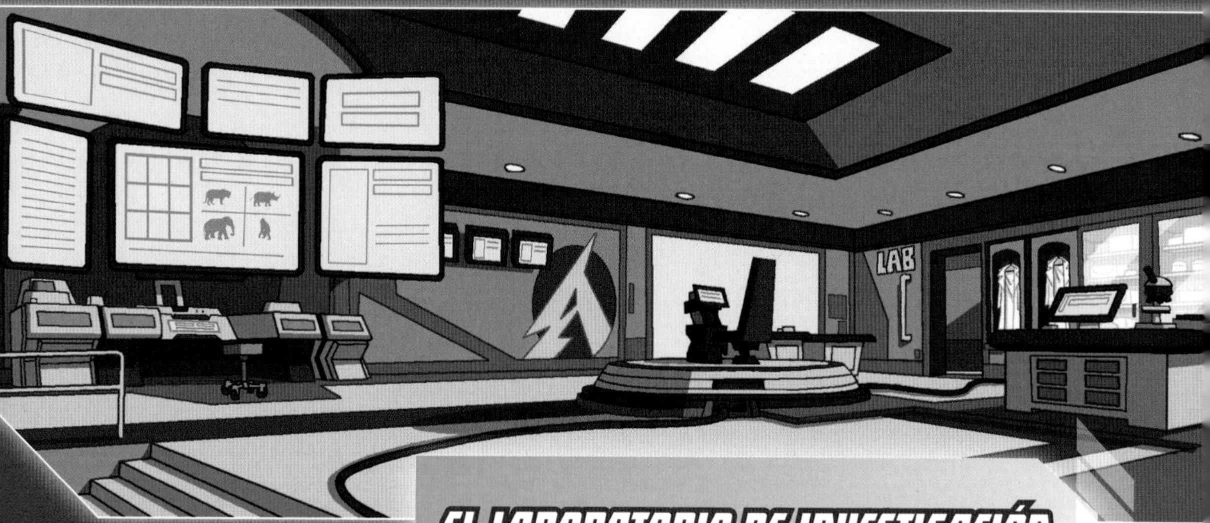
LAB

EL LABORATORIO DE INVESTIGACIÓN

Este laboratorio, que sirve como sede para la Sociedad de supercientíficos, cuenta con herramientas de última generación para llevar a cabo investigaciones de vanguardia e innovaciones científicas radicales. Más importante aún, es un lugar en que los supercientíficos pueden colaborar y compartir sus conocimientos y unir fuerzas para afrontar cualquier desafío.

SECCIÓN 1: DESAPARECE EL HIELO POLAR

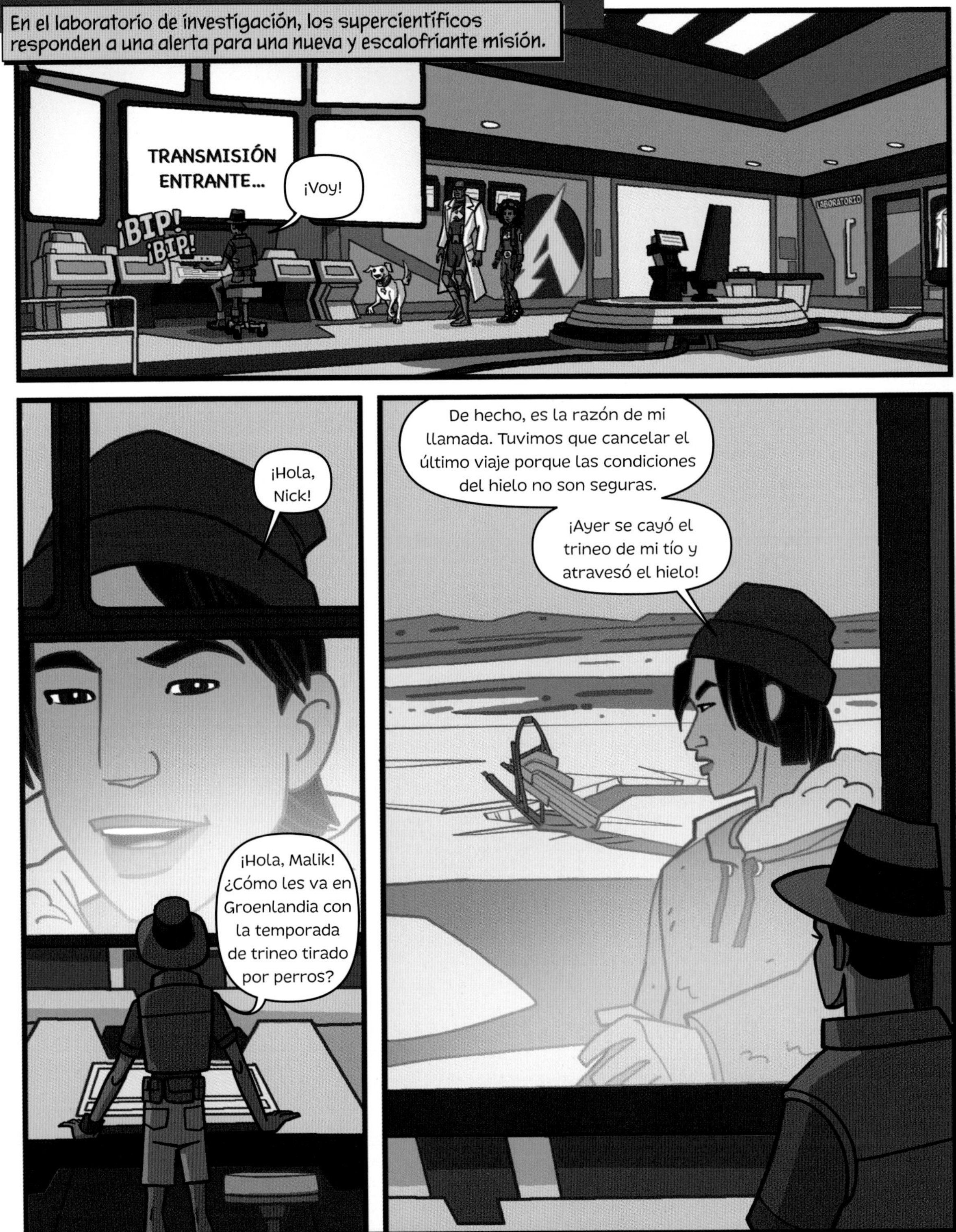

En el laboratorio de investigación, los supercientíficos responden a una alerta para una nueva y escalofriante misión.
TRANSMISIÓN ENTRANTE...
¡Voy!
¡BIP! ¡BIP!
LABORATORIO
¡Hola, Nick!
¡Hola, Malik! ¿Cómo les va en Groenlandia con la temporada de trineo tirado por perros?
De hecho, es la razón de mi llamada. Tuvimos que cancelar el último viaje porque las condiciones del hielo no son seguras.
¡Ayer se cayó el trineo de mi tío y atravesó el hielo!

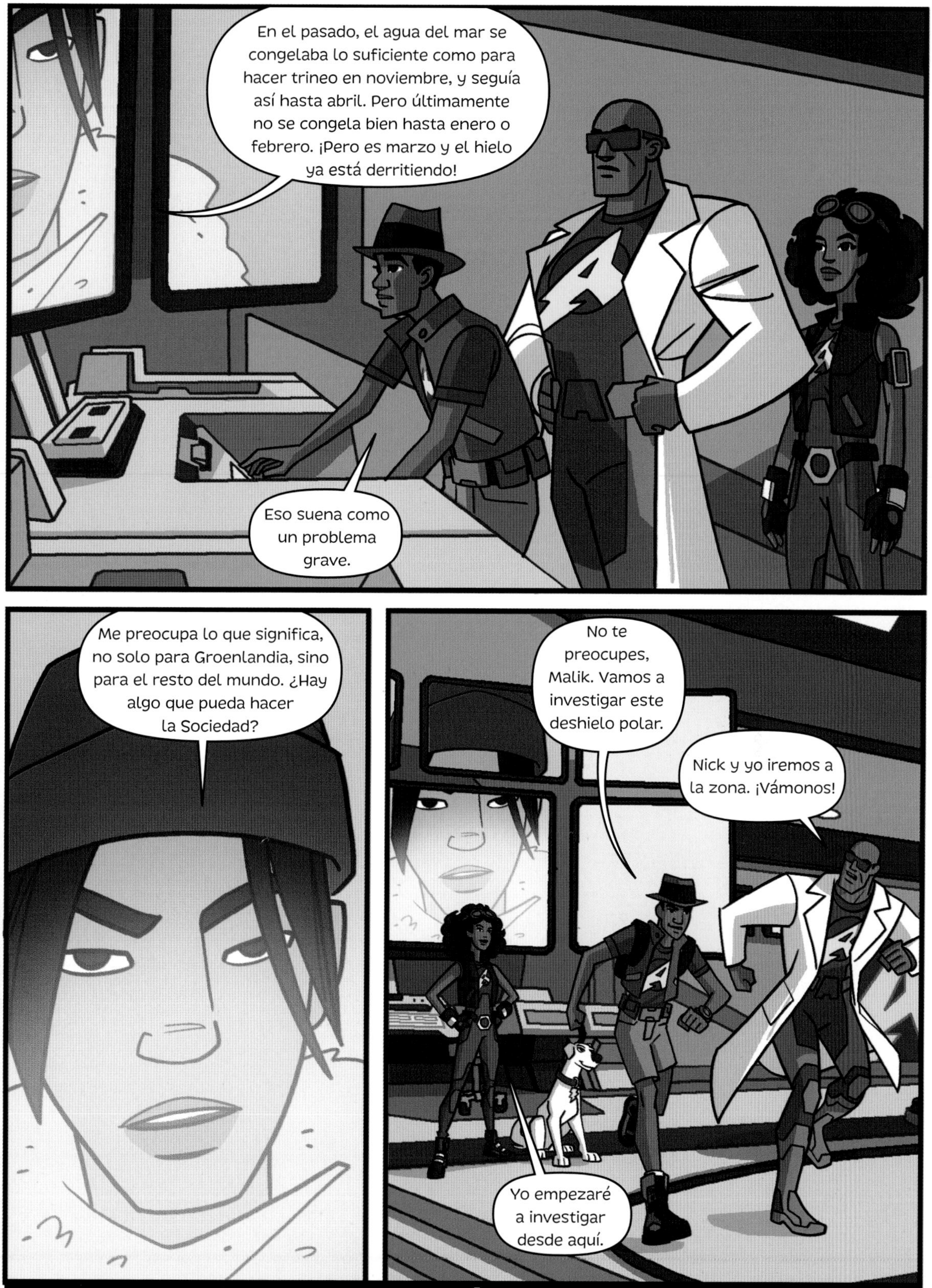
En el pasado, el agua del mar se congelaba lo suficiente como para hacer trineo en noviembre, y seguía así hasta abril. Pero últimamente no se congela bien hasta enero o febrero. ¡Pero es marzo y el hielo ya está derritiendo!
Eso suena como un problema grave.
Me preocupa lo que significa, no solo para Groenlandia, sino para el resto del mundo. ¿Hay algo que pueda hacer la Sociedad?
No te preocupes, Malik. Vamos a investigar este deshielo polar.
Nick y yo iremos a la zona. ¡Vámonos!
Yo empezaré a investigar desde aquí.

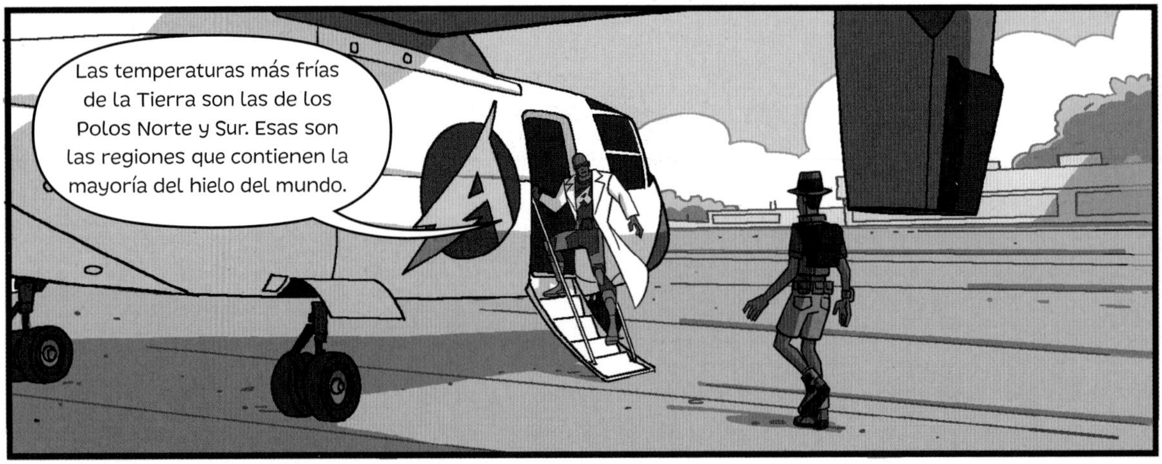
Las temperaturas más frías de la Tierra son las de los Polos Norte y Sur. Esas son las regiones que contienen la mayoría del hielo del mundo.

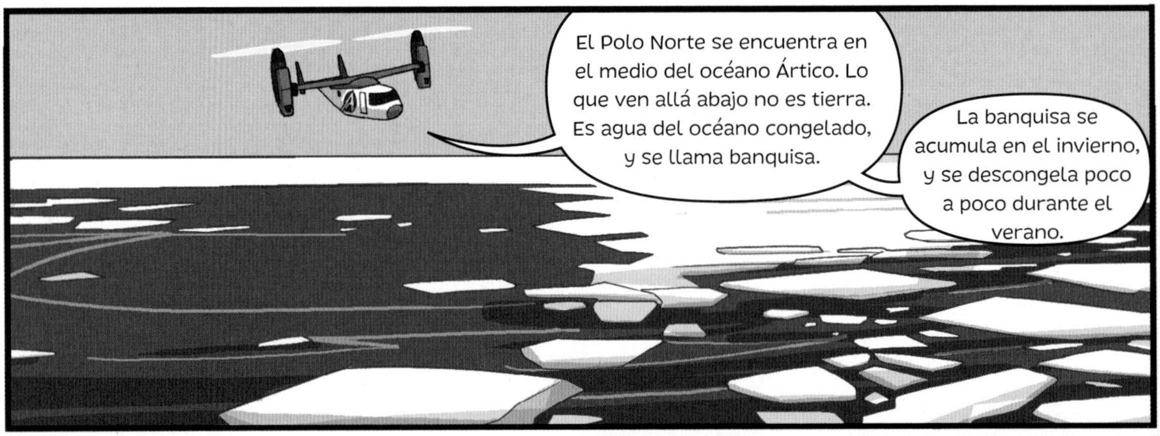
El Polo Norte se encuentra en el medio del océano Ártico. Lo que ven allá abajo no es tierra. Es agua del océano congelado, y se llama banquisa.
La banquisa se acumula en el invierno, y se descongela poco a poco durante el verano.

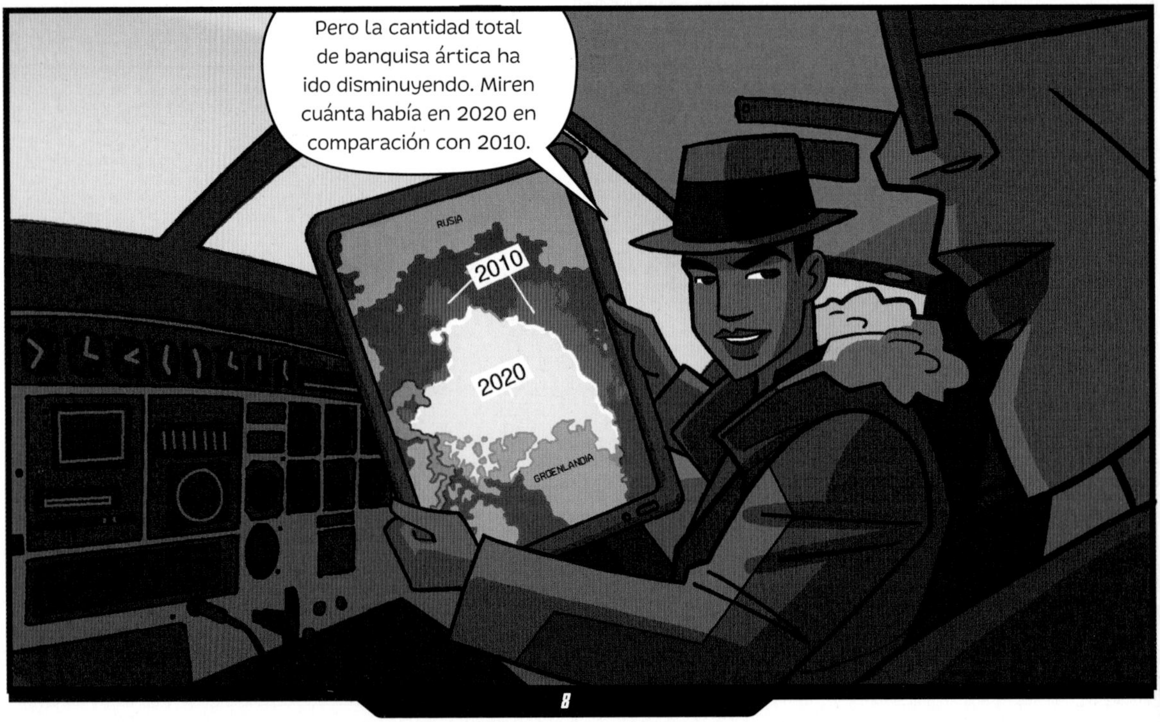
Pero la cantidad total de banquisa ártica ha ido disminuyendo. Miren cuánta había en 2020 en comparación con 2010.
RUSIA
2010
2020
GROENLANDIA

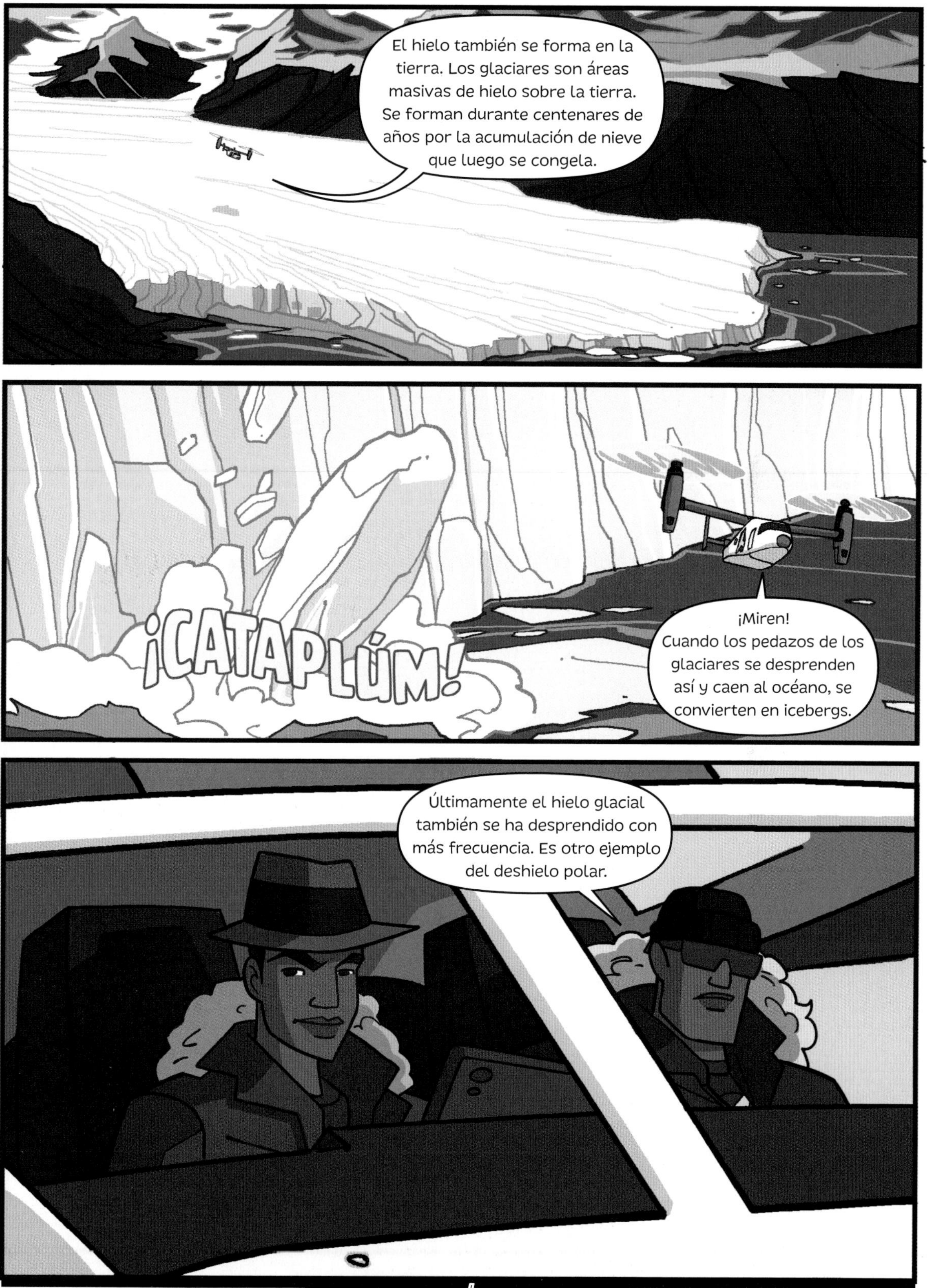
El hielo también se forma en la tierra. Los glaciares son áreas masivas de hielo sobre la tierra. Se forman durante centenares de años por la acumulación de nieve que luego se congela.
¡CATAPLÚM!
¡Miren! Cuando los pedazos de los glaciares se desprenden así y caen al océano, se convierten en icebergs.
Últimamente el hielo glacial también se ha desprendido con más frecuencia. Es otro ejemplo del deshielo polar.

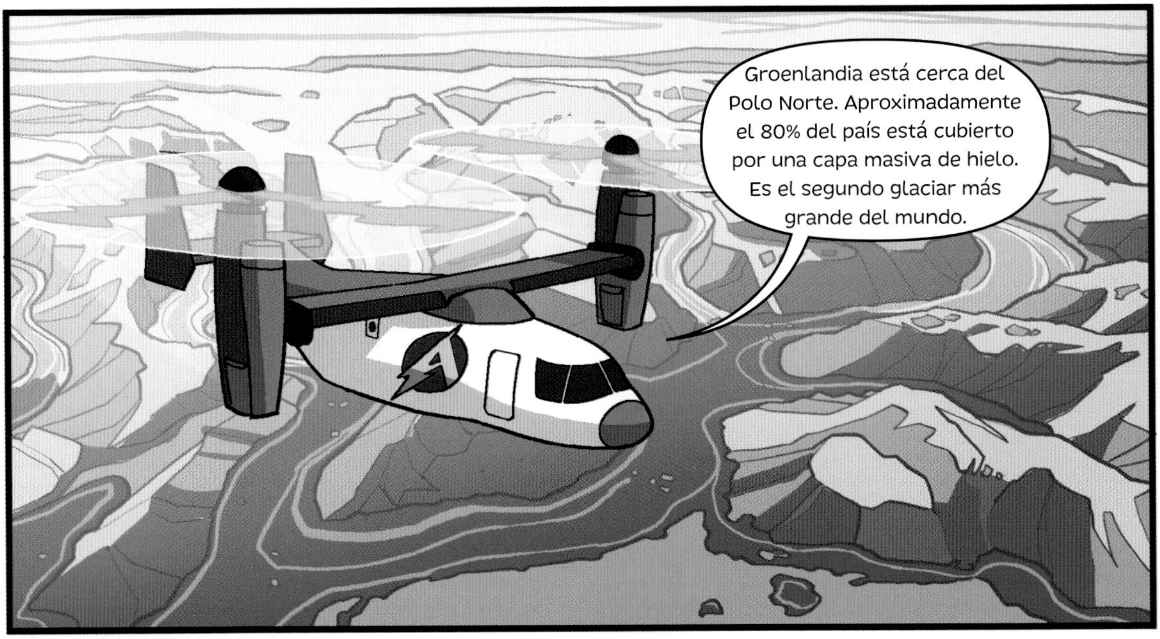
Groenlandia está cerca del Polo Norte. Aproximadamente el 80% del país está cubierto por una capa masiva de hielo. Es el segundo glaciar más grande del mundo.

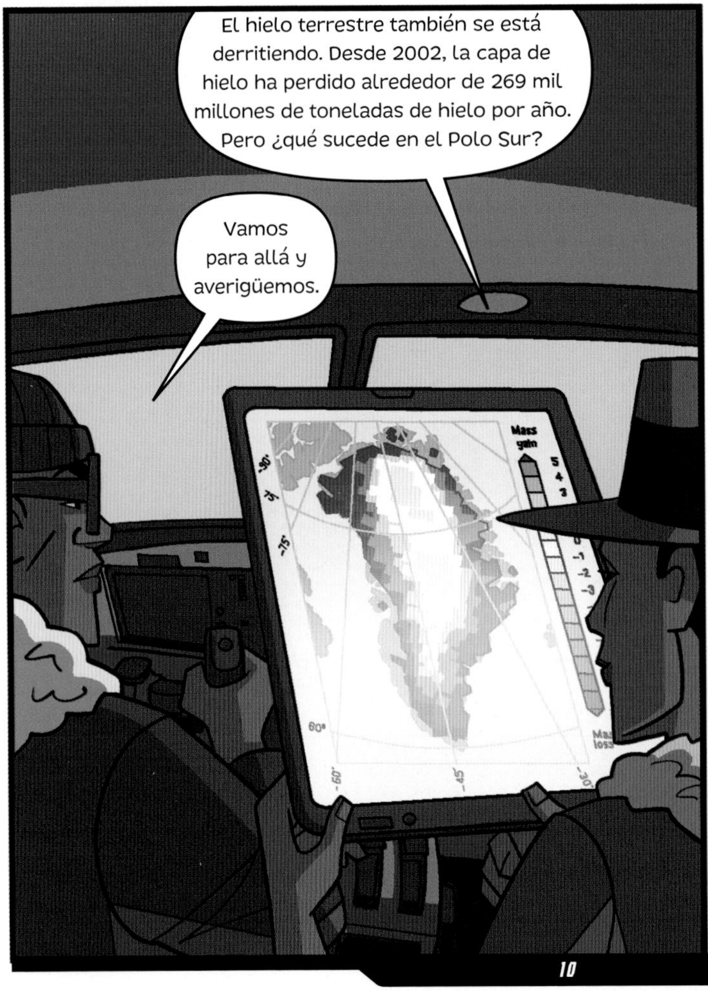
El hielo terrestre también se está derritiendo. Desde 2002, la capa de hielo ha perdido alrededor de 269 mil millones de toneladas de hielo por año. Pero ¿qué sucede en el Polo Sur?
Vamos para allá y averigüemos.

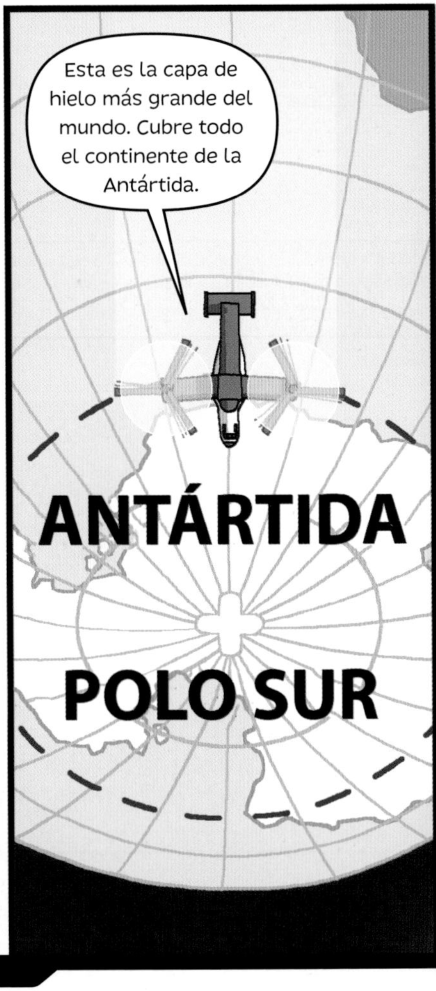
Esta es la capa de hielo más grande del mundo. Cubre todo el continente de la Antártida.
ANTÁRTIDA
POLO SUR

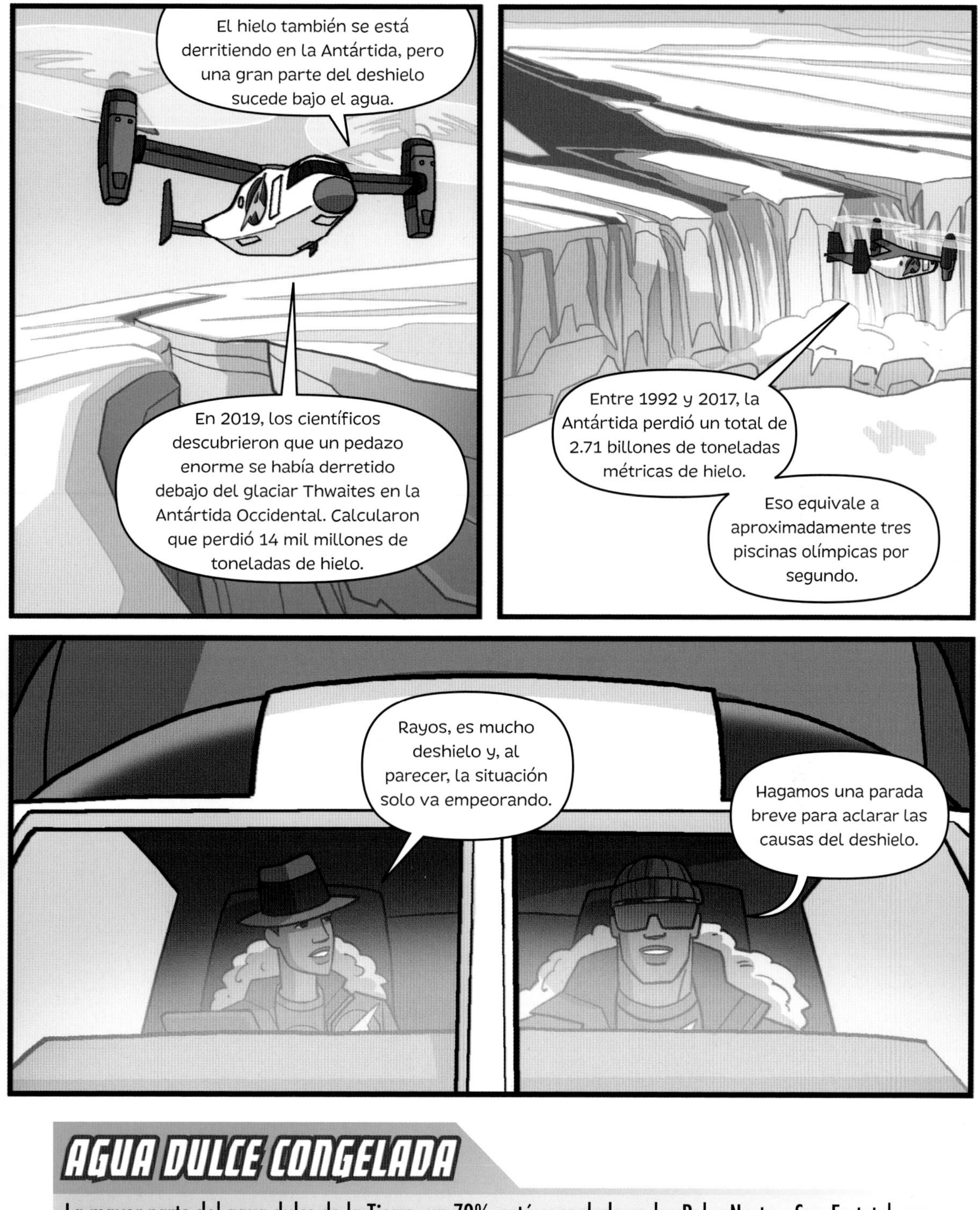
El hielo también se está derritiendo en la Antártida, pero una gran parte del deshielo sucede bajo el agua.
En 2019, los científicos descubrieron que un pedazo enorme se había derretido debajo del glaciar Thwaites en la Antártida Occidental. Calcularon que perdió 14 mil millones de toneladas de hielo.
Entre 1992 y 2017, la Antártida perdió un total de 2.71 billones de toneladas métricas de hielo.
Eso equivale a aproximadamente tres piscinas olímpicas por segundo.
Rayos, es mucho deshielo y, al parecer, la situación solo va empeorando.
Hagamos una parada breve para aclarar las causas del deshielo.

AGUA DULCE CONGELADA

La mayor parte del agua dulce de la Tierra, un 70%, está congelada en los Polos Norte y Sur. En total, son 7.2 millones de millas cúbicas de hielo (30 millones de kilómetros cúbicos). Es una cantidad de hielo tan grande que, si se extendiera en una capa de una milla de grosor (1.6 km), cubriría toda Norteamérica.

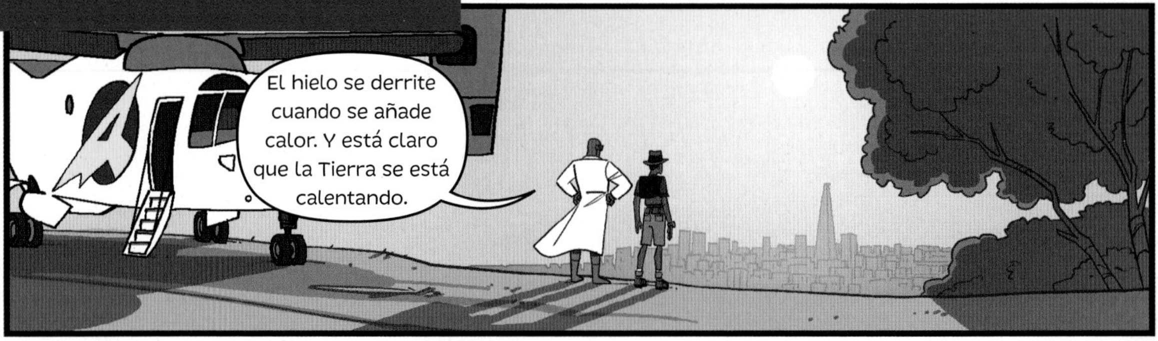
El hielo se derrite cuando se añade calor. Y está claro que la Tierra se está calentando.

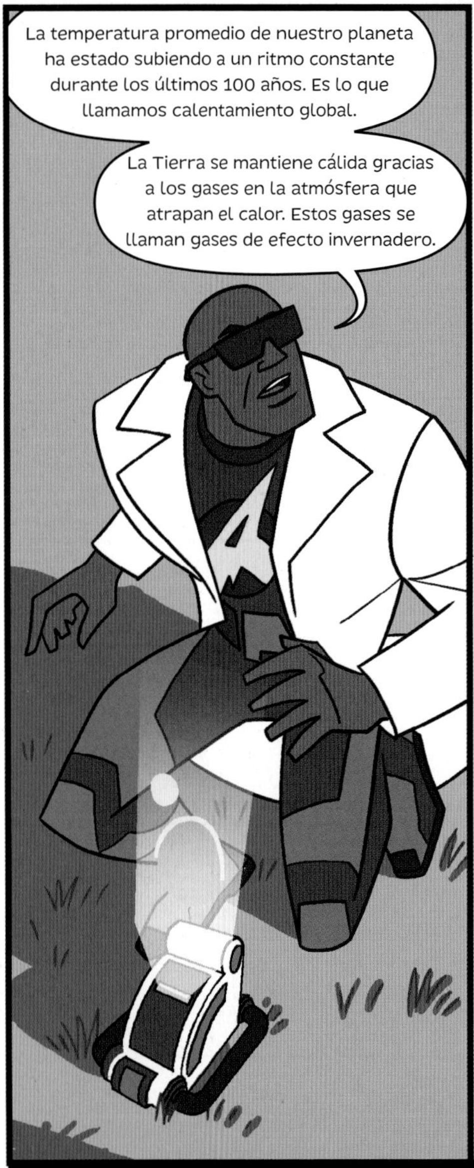
La temperatura promedio de nuestro planeta ha estado subiendo a un ritmo constante durante los últimos 100 años. Es lo que llamamos calentamiento global.
La Tierra se mantiene cálida gracias a los gases en la atmósfera que atrapan el calor. Estos gases se llaman gases de efecto invernadero.

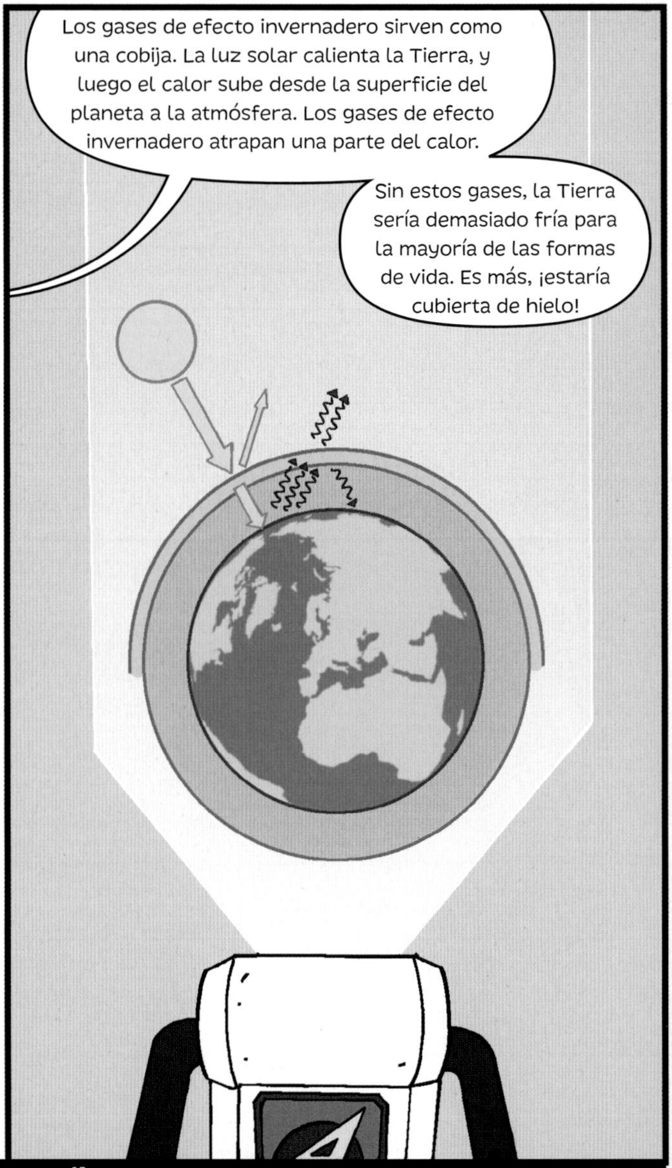
Los gases de efecto invernadero sirven como una cobija. La luz solar calienta la Tierra, y luego el calor sube desde la superficie del planeta a la atmósfera. Los gases de efecto invernadero atrapan una parte del calor.
Sin estos gases, la Tierra sería demasiado fría para la mayoría de las formas de vida. Es más, ¡estaría cubierta de hielo!

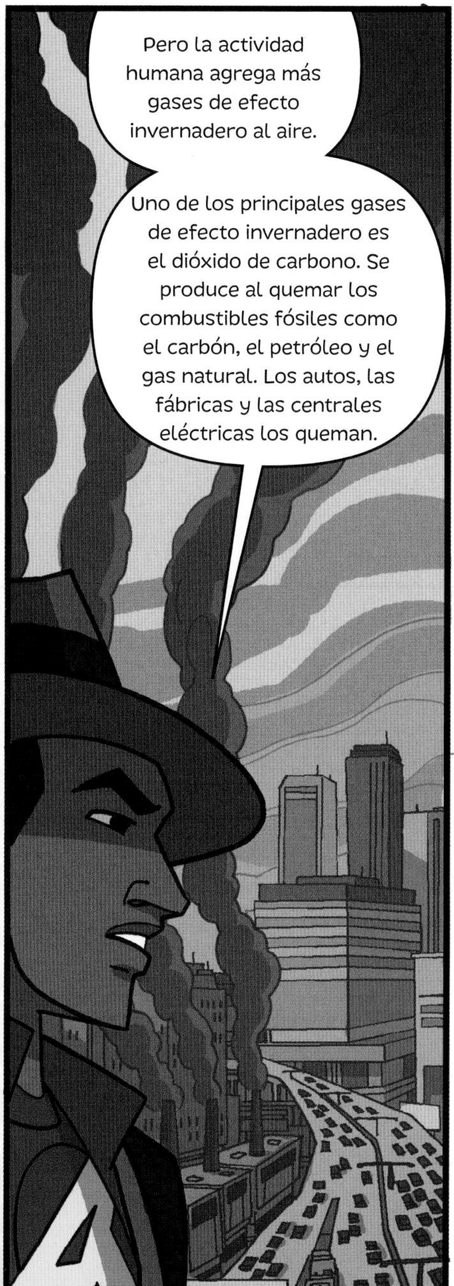
Pero la actividad humana agrega más gases de efecto invernadero al aire.
Uno de los principales gases de efecto invernadero es el dióxido de carbono. Se produce al quemar los combustibles fósiles como el carbón, el petróleo y el gas natural. Los autos, las fábricas y las centrales eléctricas los queman.

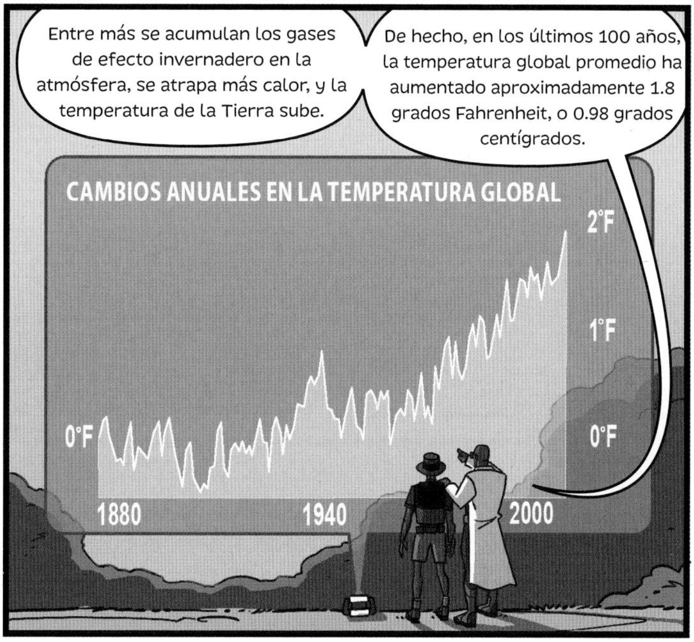
Entre más se acumulan los gases de efecto invernadero en la atmósfera, se atrapa más calor, y la temperatura de la Tierra sube.
De hecho, en los últimos 100 años, la temperatura global promedio ha aumentado aproximadamente 1.8 grados Fahrenheit, o 0.98 grados centígrados.
CAMBIOS ANUALES EN LA TEMPERATURA GLOBAL
2°F
1°F
0°F
0°F
1880
1940
2000

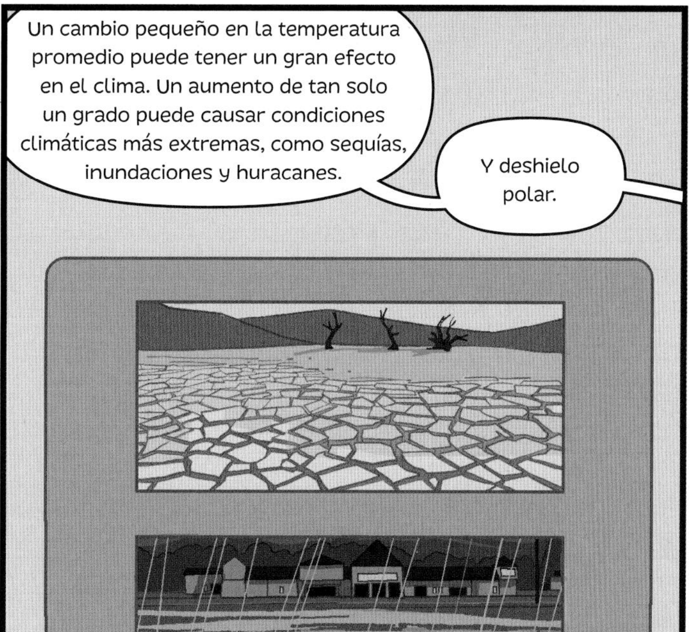
Un cambio pequeño en la temperatura promedio puede tener un gran efecto en el clima. Un aumento de tan solo un grado puede causar condiciones climáticas más extremas, como sequías, inundaciones y huracanes.
Y deshielo polar.

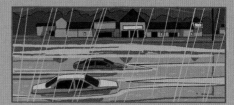

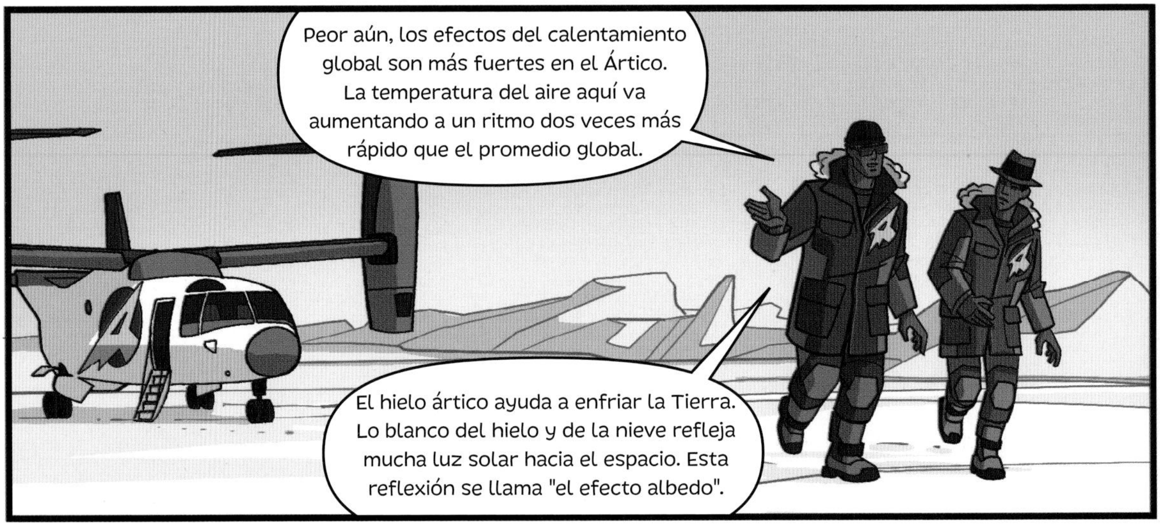
Peor aún, los efectos del calentamiento global son más fuertes en el Ártico. La temperatura del aire aquí va aumentando a un ritmo dos veces más rápido que el promedio global.
El hielo ártico ayuda a enfriar la Tierra. Lo blanco del hielo y de la nieve refleja mucha luz solar hacia el espacio. Esta reflexión se llama "el efecto albedo".

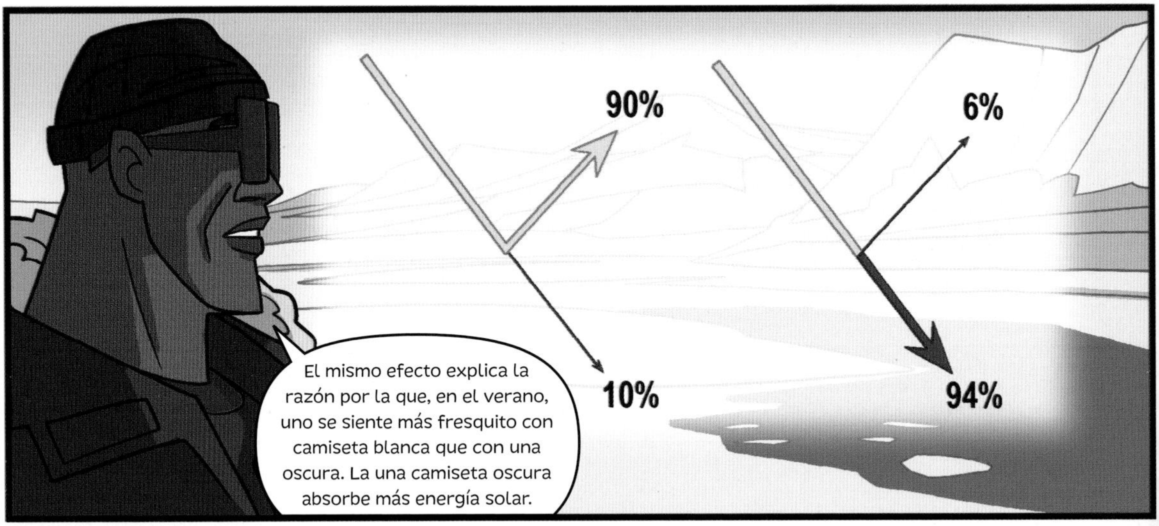
90%
10%
6%
94%
El mismo efecto explica la razón por la que, en el verano, uno se siente más fresquito con camiseta blanca que con una oscura. La una camiseta oscura absorbe más energía solar.

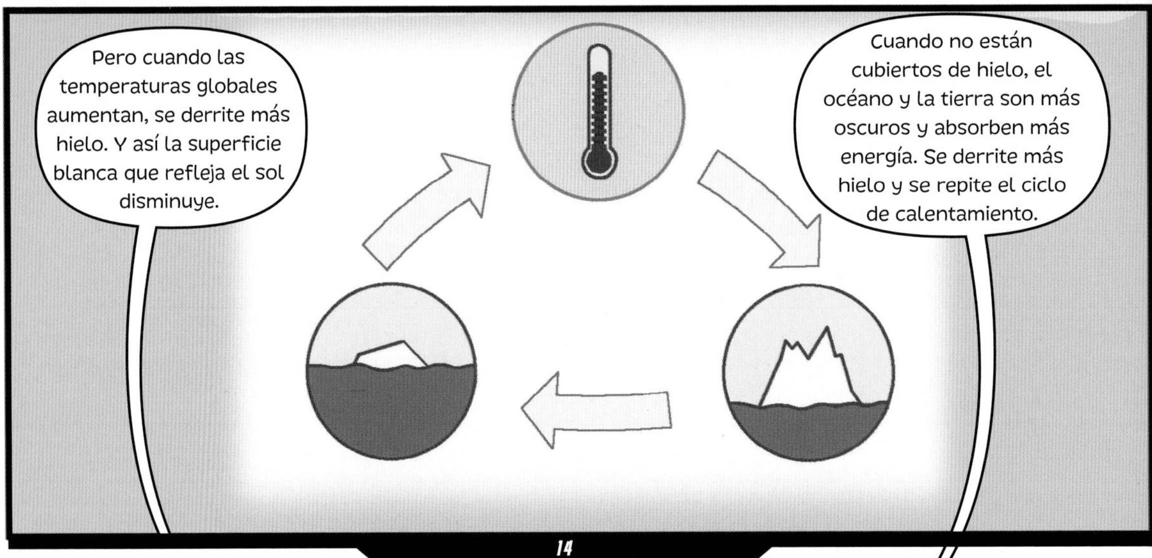
Pero cuando las temperaturas globales aumentan, se derrite más hielo. Y así la superficie blanca que refleja el sol disminuye.
Cuando no están cubiertos de hielo, el océano y la tierra son más oscuros y absorben más energía. Se derrite más hielo y se repite el ciclo de calentamiento.

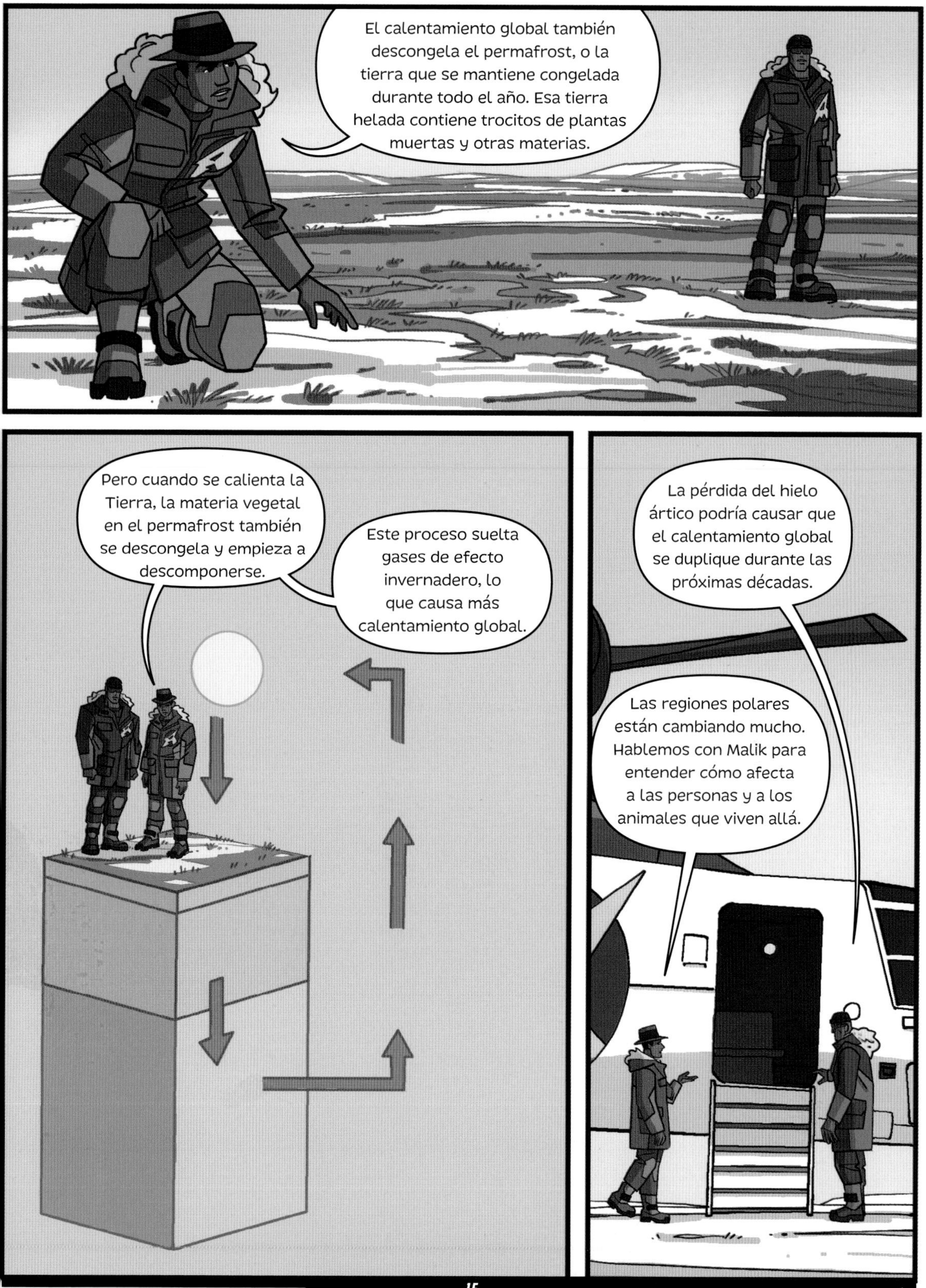

El calentamiento global también descongela el permafrost, o la tierra que se mantiene congelada durante todo el año. Esa tierra helada contiene trocitos de plantas muertas y otras materias.
Pero cuando se calienta la Tierra, la materia vegetal en el permafrost también se descongela y empieza a descomponerse.
Este proceso suelta gases de efecto invernadero, lo que causa más calentamiento global.
La pérdida del hielo ártico podría causar que el calentamiento global se duplique durante las próximas décadas.
Las regiones polares están cambiando mucho. Hablemos con Malik para entender cómo afecta a las personas y a los animales que viven allá.

SECCIÓN 3: SE SIENTEN LOS EFECTOS

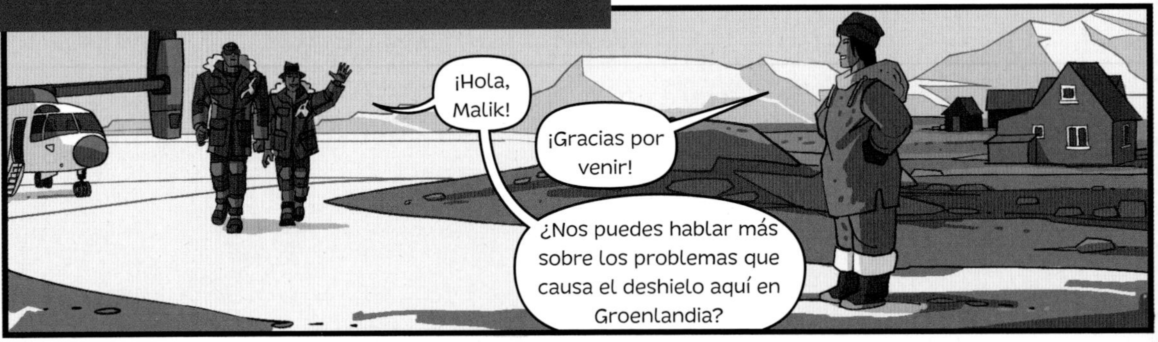
¡Hola, Malik!
¡Gracias por venir!
¿Nos puedes hablar más sobre los problemas que causa el deshielo aquí en Groenlandia?

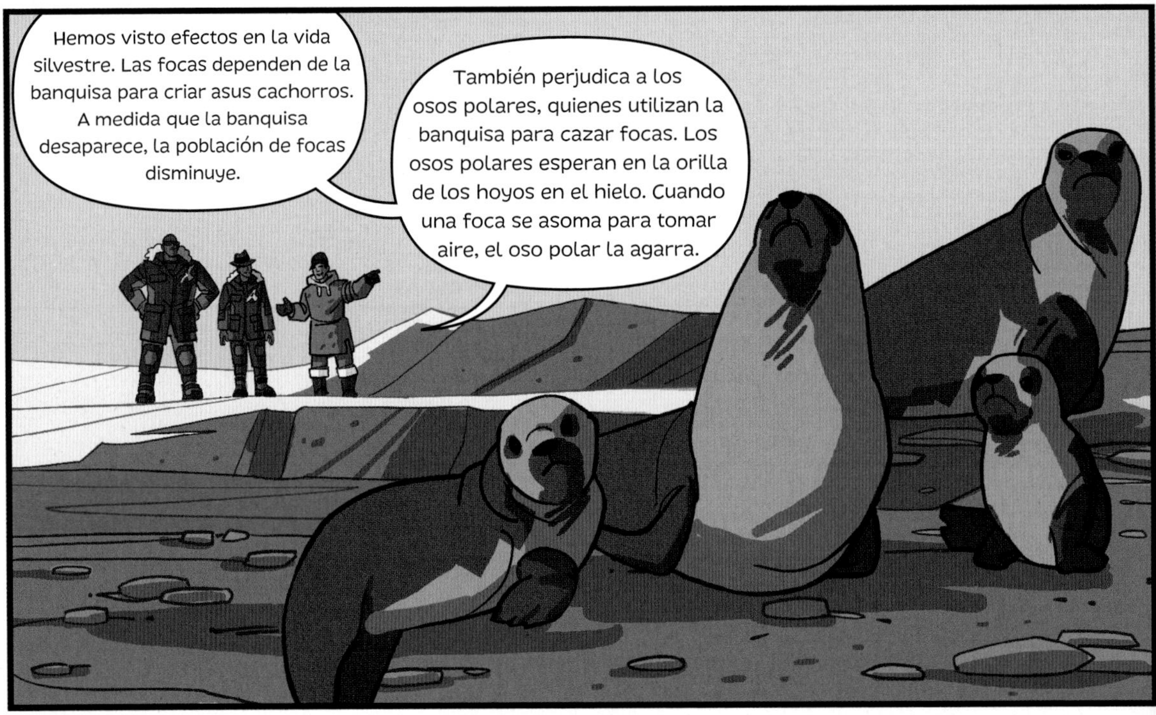
Hemos visto efectos en la vida silvestre. Las focas dependen de la banquisa para criar asus cachorros. A medida que la banquisa desaparece, la población de focas disminuye.
También perjudica a los osos polares, quienes utilizan la banquisa para cazar focas. Los osos polares esperan en la orilla de los hoyos en el hielo. Cuando una foca se asoma para tomar aire, el oso polar la agarra.

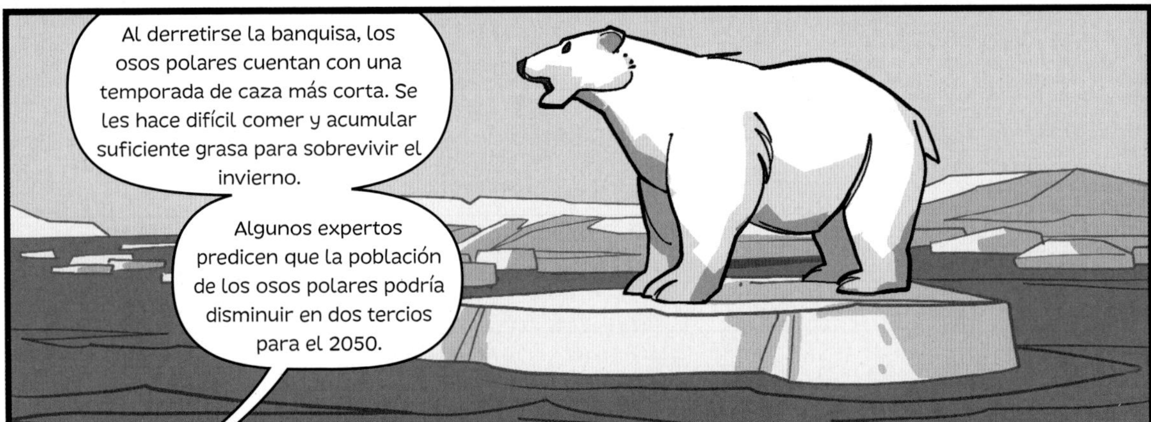
Al derretirse la banquisa, los osos polares cuentan con una temporada de caza más corta. Se les hace difícil comer y acumular suficiente grasa para sobrevivir el invierno.
Algunos expertos predicen que la población de los osos polares podría disminuir en dos tercios para el 2050.

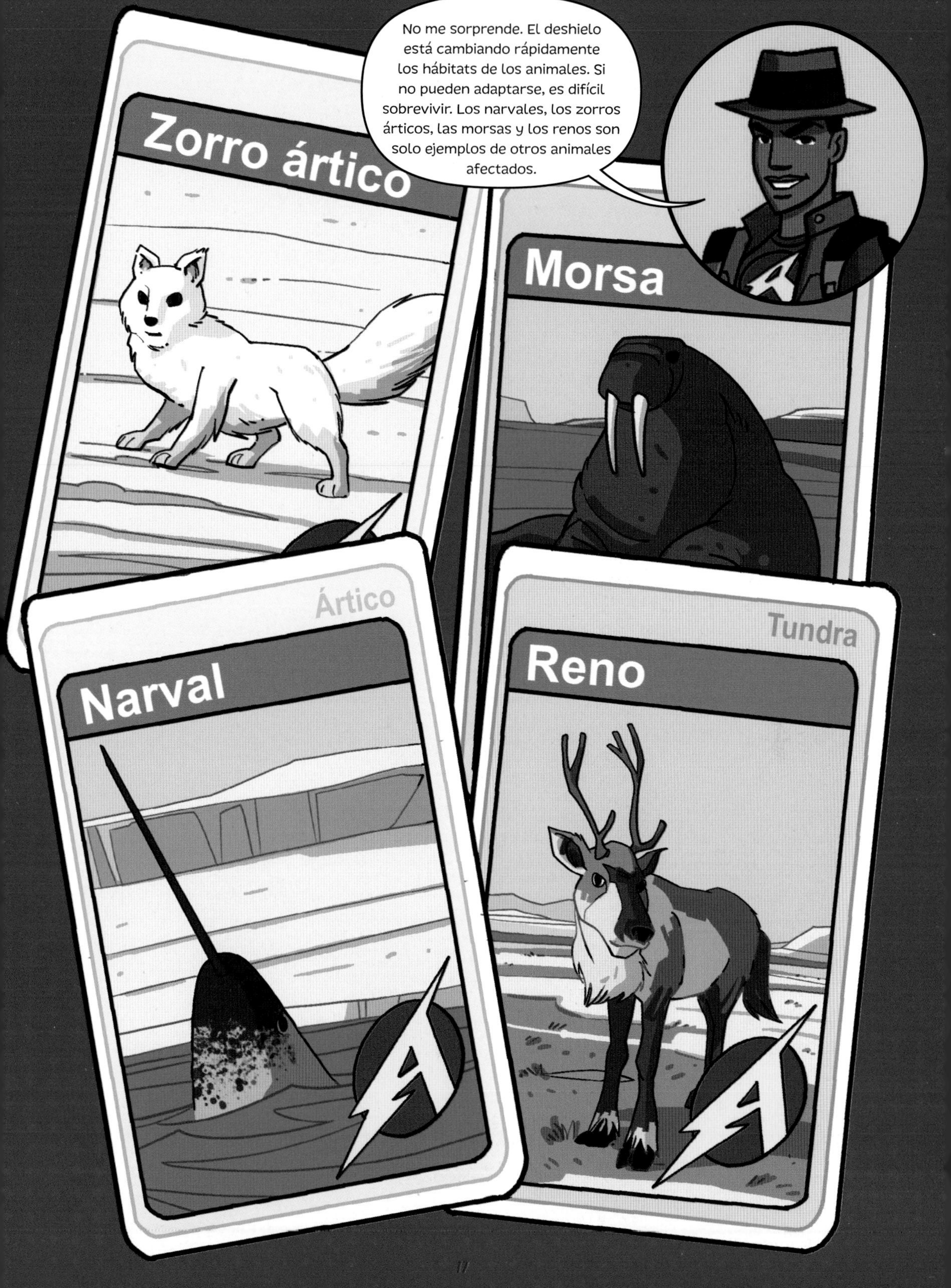
No me sorprende. El deshielo está cambiando rápidamente los hábitats de los animales. Si no pueden adaptarse, es difícil sobrevivir. Los narvales, los zorros árticos, las morsas y los renos son solo ejemplos de otros animales afectados.
Zorro ártico
Morsa
Ártico
Narval
Tundra
Reno

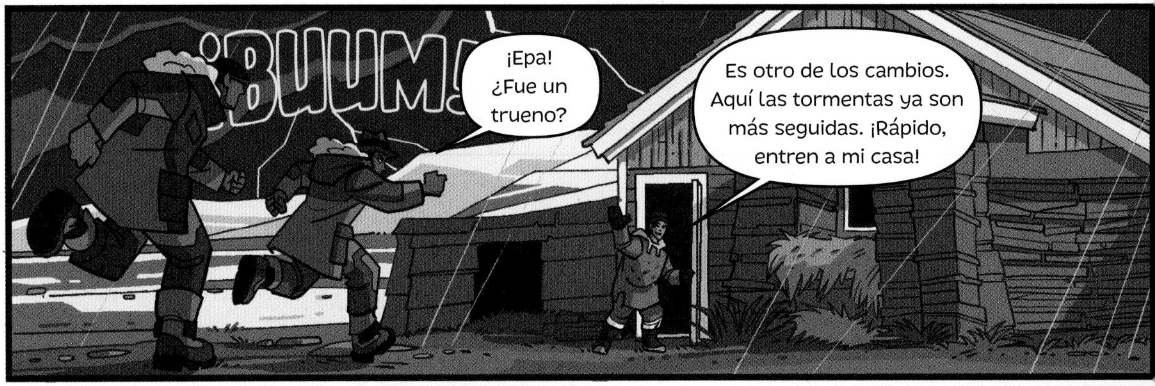
¡BUUM!
¡Epa! ¿Fue un trueno?
Es otro de los cambios. Aquí las tormentas ya son más seguidas. ¡Rápido, entren a mi casa!

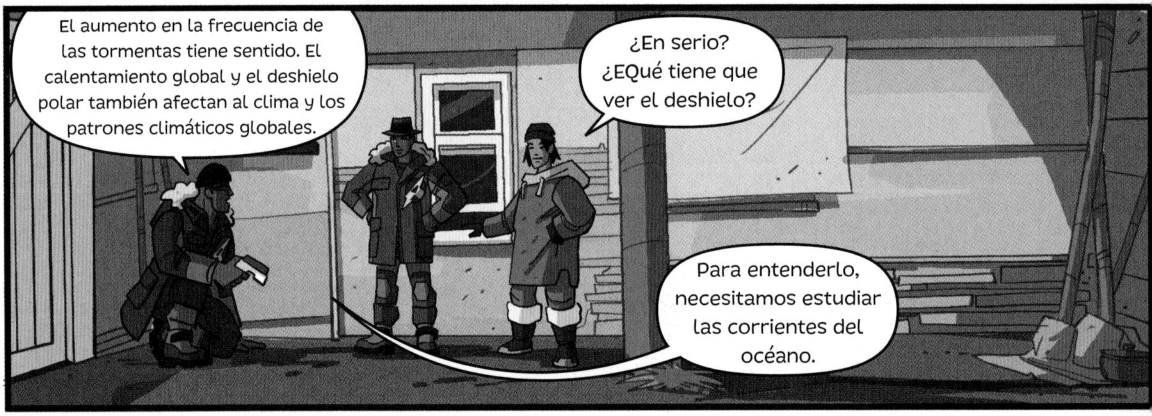
El aumento en la frecuencia de las tormentas tiene sentido. El calentamiento global y el deshielo polar también afectan al clima y los patrones climáticos globales.
¿En serio? ¿EQué tiene que ver el deshielo?
Para entenderlo, necesitamos estudiar las corrientes del océano.

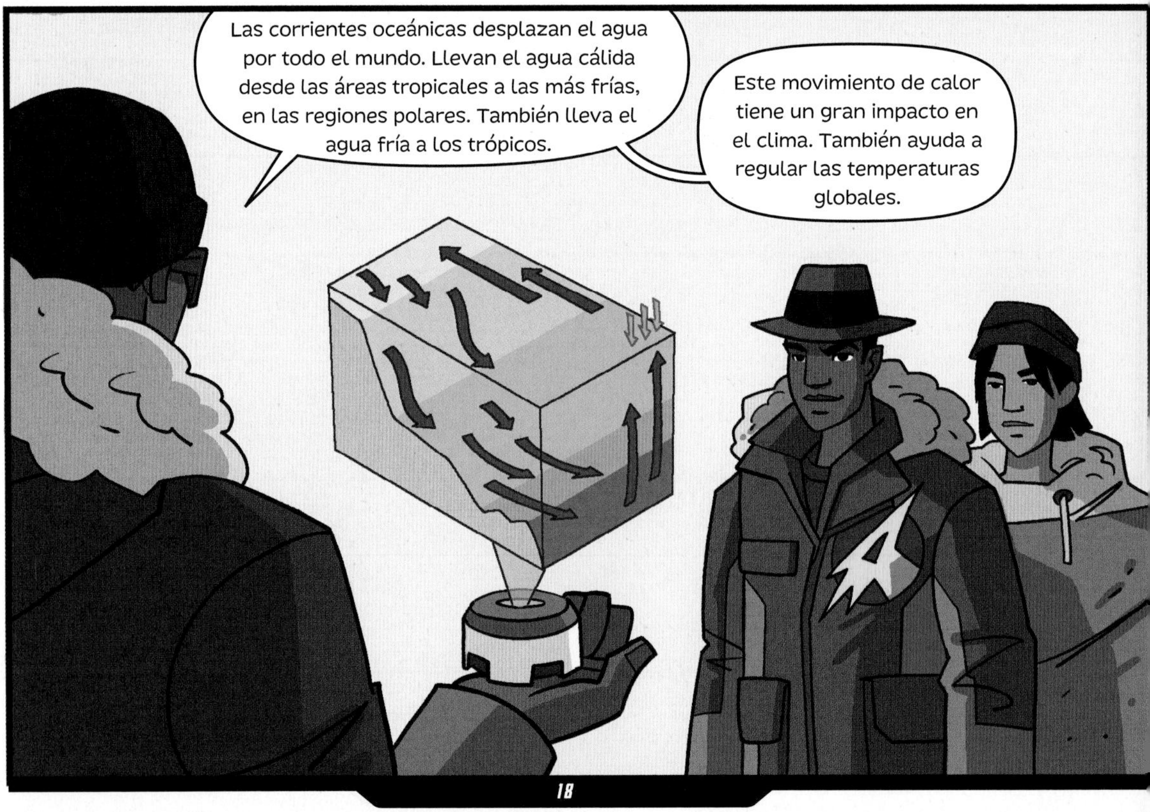
Las corrientes oceánicas desplazan el agua por todo el mundo. Llevan el agua cálida desde las áreas tropicales a las más frías, en las regiones polares. También lleva el agua fría a los trópicos.
Este movimiento de calor tiene un gran impacto en el clima. También ayuda a regular las temperaturas globales.

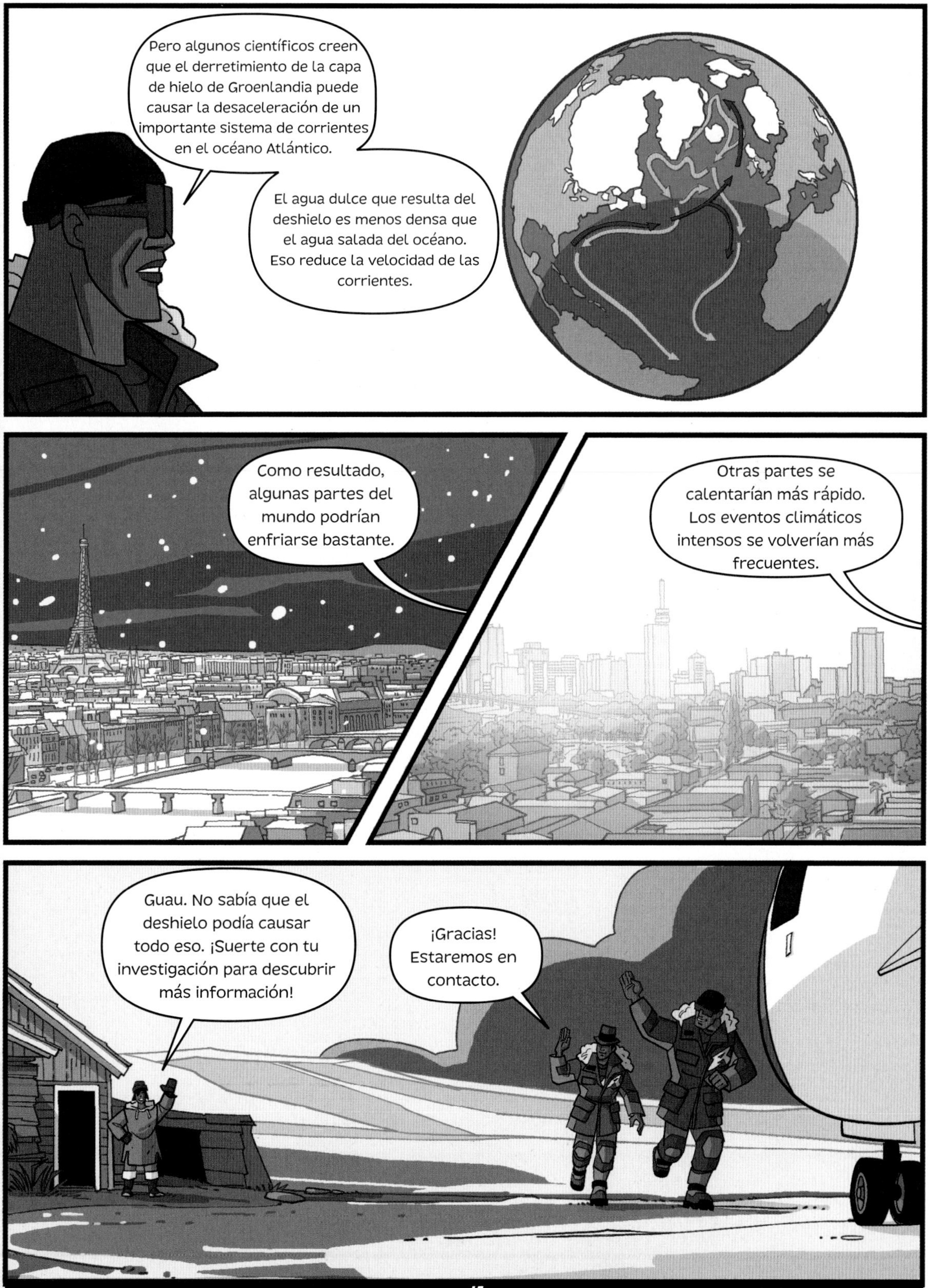
Pero algunos científicos creen que el derretimiento de la capa de hielo de Groenlandia puede causar la desaceleración de un importante sistema de corrientes en el océano Atlántico.
El agua dulce que resulta del deshielo es menos densa que el agua salada del océano. Eso reduce la velocidad de las corrientes.
Como resultado, algunas partes del mundo podrían enfriarse bastante.
Otras partes se calentarían más rápido. Los eventos climáticos intensos se volverían más frecuentes.
Guau. No sabía que el deshielo podía causar todo eso. ¡Suerte con tu investigación para descubrir más información!
¡Gracias! Estaremos en contacto.

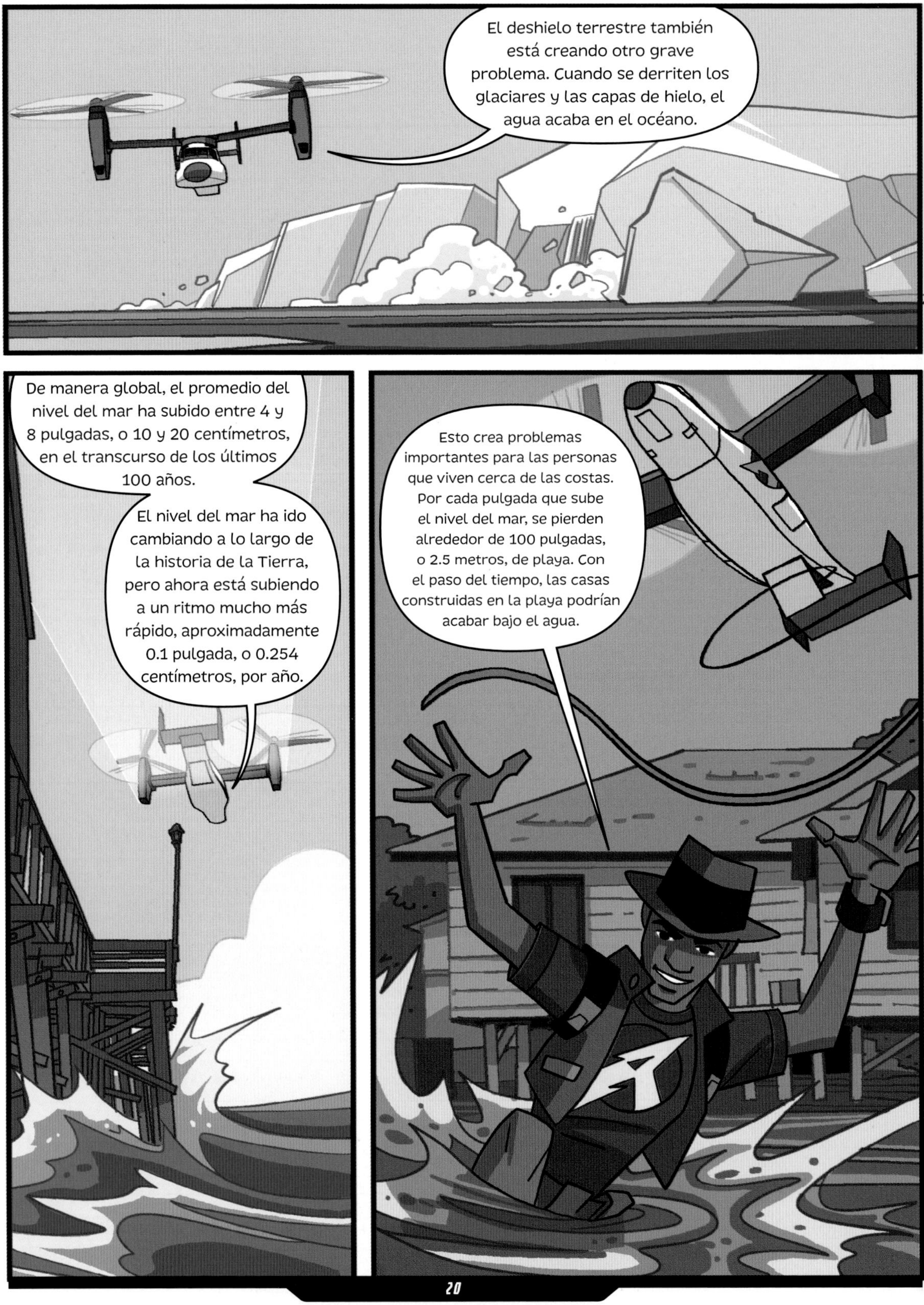
El deshielo terrestre también está creando otro grave problema. Cuando se derriten los glaciares y las capas de hielo, el agua acaba en el océano.
De manera global, el promedio del nivel del mar ha subido entre 4 y 8 pulgadas, o 10 y 20 centímetros, en el transcurso de los últimos 100 años.
El nivel del mar ha ido cambiando a lo largo de la historia de la Tierra, pero ahora está subiendo a un ritmo mucho más rápido, aproximadamente 0.1 pulgada, o 0.254 centímetros, por año.
Esto crea problemas importantes para las personas que viven cerca de las costas. Por cada pulgada que sube el nivel del mar, se pierden alrededor de 100 pulgadas, o 2.5 metros, de playa. Con el paso del tiempo, las casas construidas en la playa podrían acabar bajo el agua.

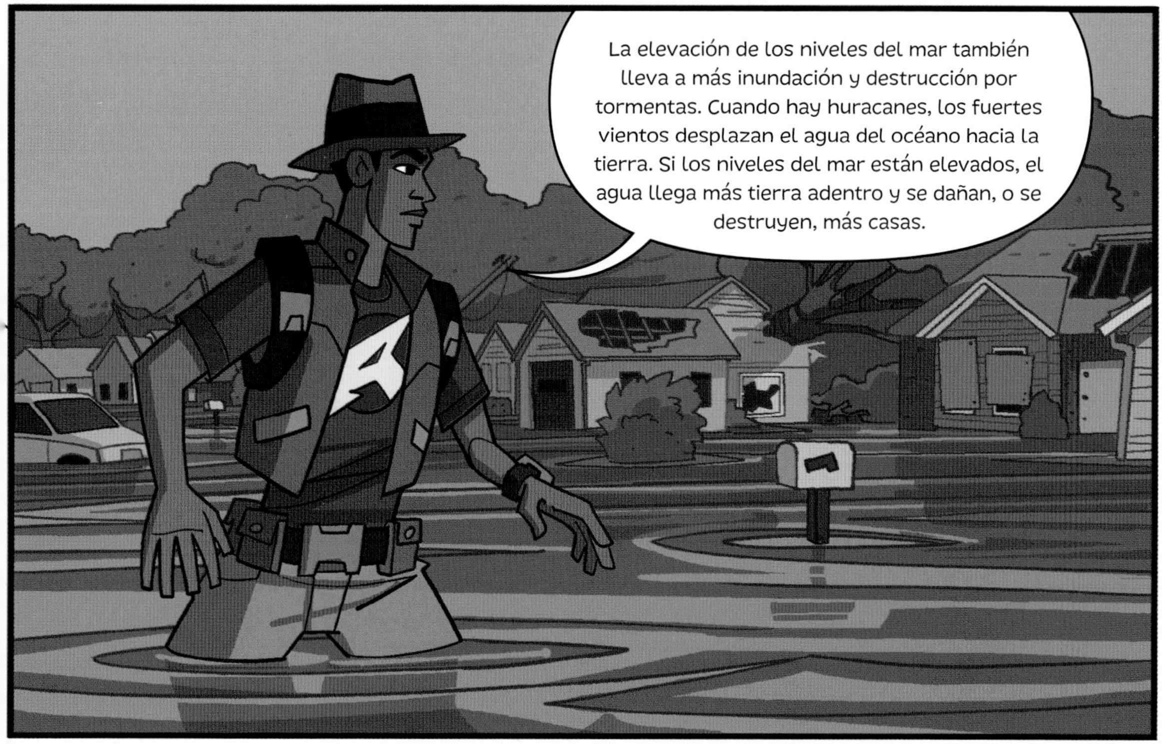
La elevación de los niveles del mar también lleva a más inundación y destrucción por tormentas. Cuando hay huracanes, los fuertes vientos desplazan el agua del océano hacia la tierra. Si los niveles del mar están elevados, el agua llega más tierra adentro y se dañan, o se destruyen, más casas.

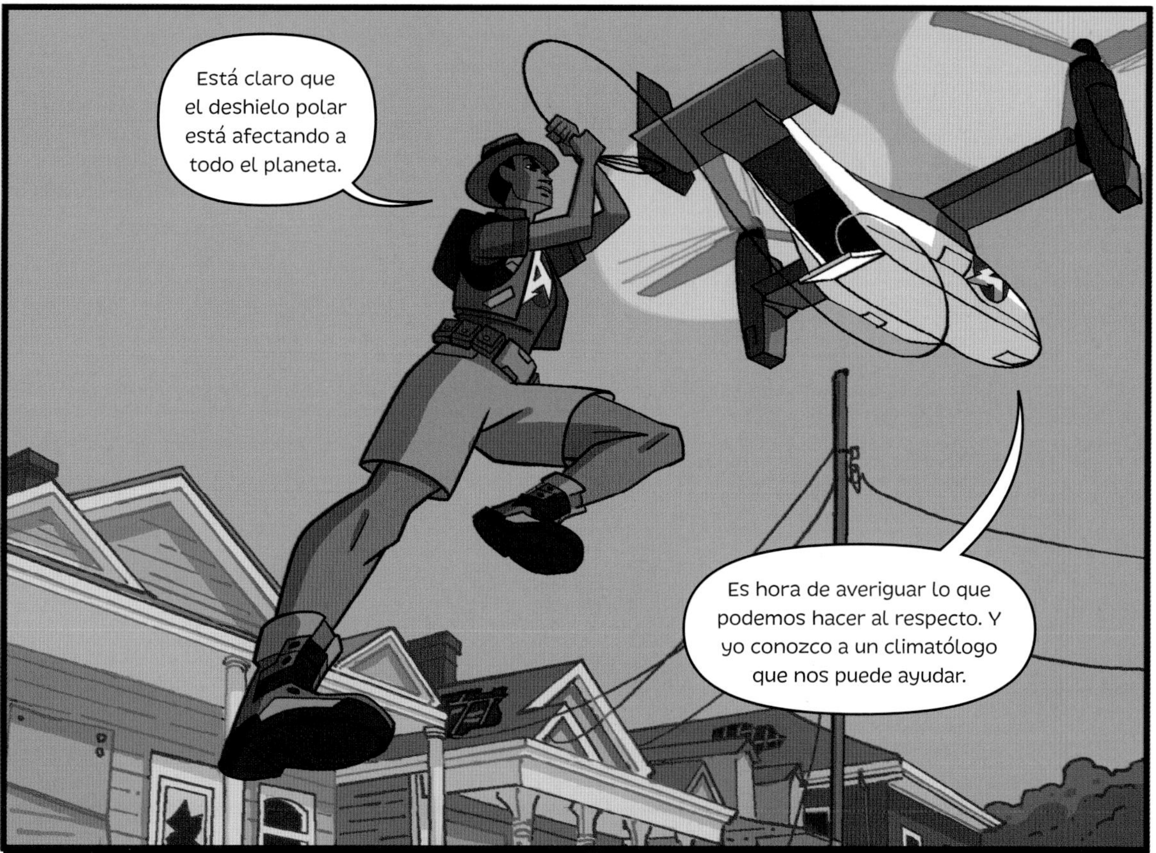
Está claro que el deshielo polar está afectando a todo el planeta.
Es hora de averiguar lo que podemos hacer al respecto. Y yo conozco a un climatólogo que nos puede ayudar.

SECCIÓN 4: *EN BUSCA DE SOLUCIONES*

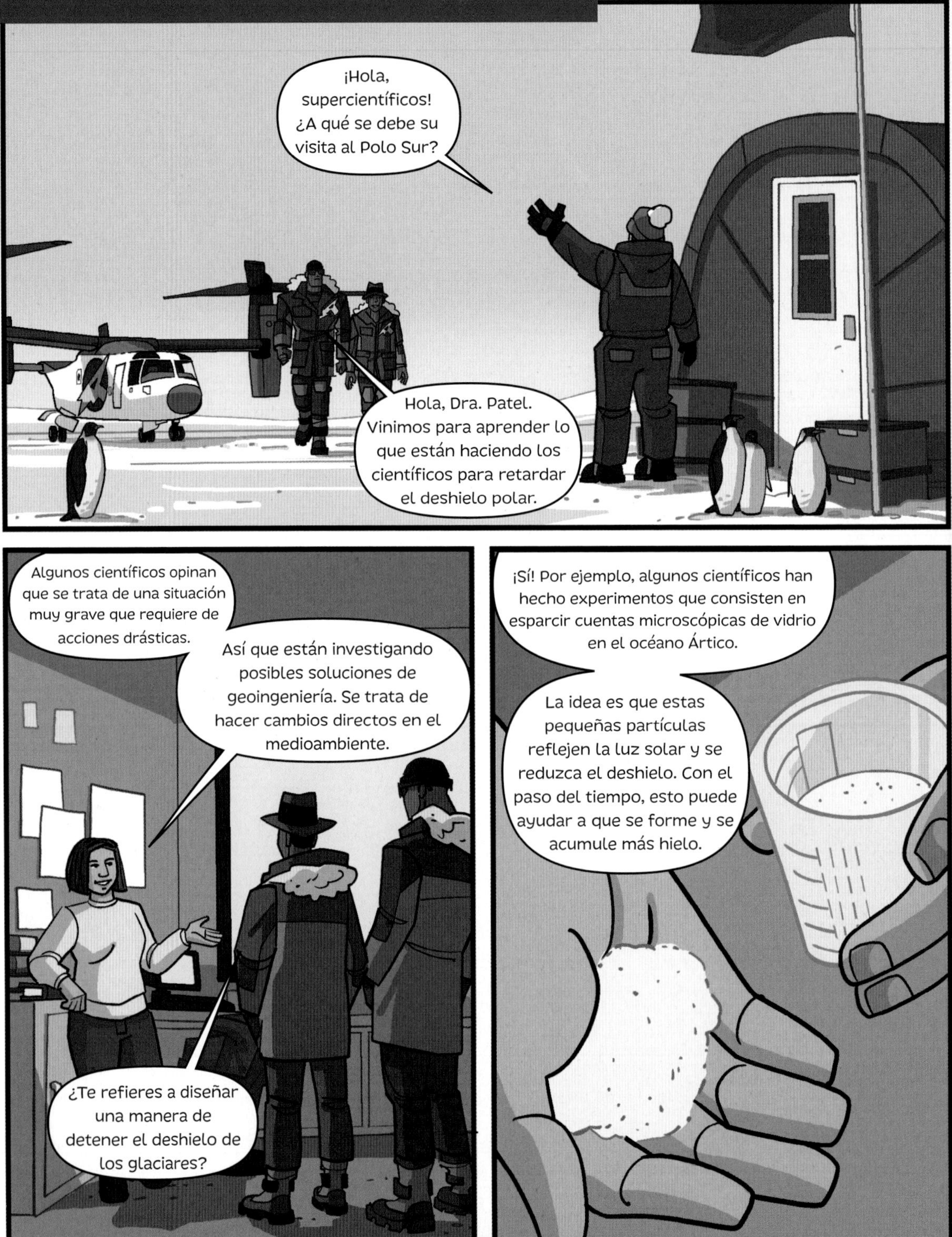
¡Hola, supercientíficos! ¿A qué se debe su visita al Polo Sur?
Hola, Dra. Patel. Vinimos para aprender lo que están haciendo los científicos para retardar el deshielo polar.
Algunos científicos opinan que se trata de una situación muy grave que requiere de acciones drásticas.
Así que están investigando posibles soluciones de geoingeniería. Se trata de hacer cambios directos en el medioambiente.
¿Te refieres a diseñar una manera de detener el deshielo de los glaciares?
¡Sí! Por ejemplo, algunos científicos han hecho experimentos que consisten en esparcir cuentas microscópicas de vidrio en el océano Ártico.
La idea es que estas pequeñas partículas reflejen la luz solar y se reduzca el deshielo. Con el paso del tiempo, esto puede ayudar a que se forme y se acumule más hielo.

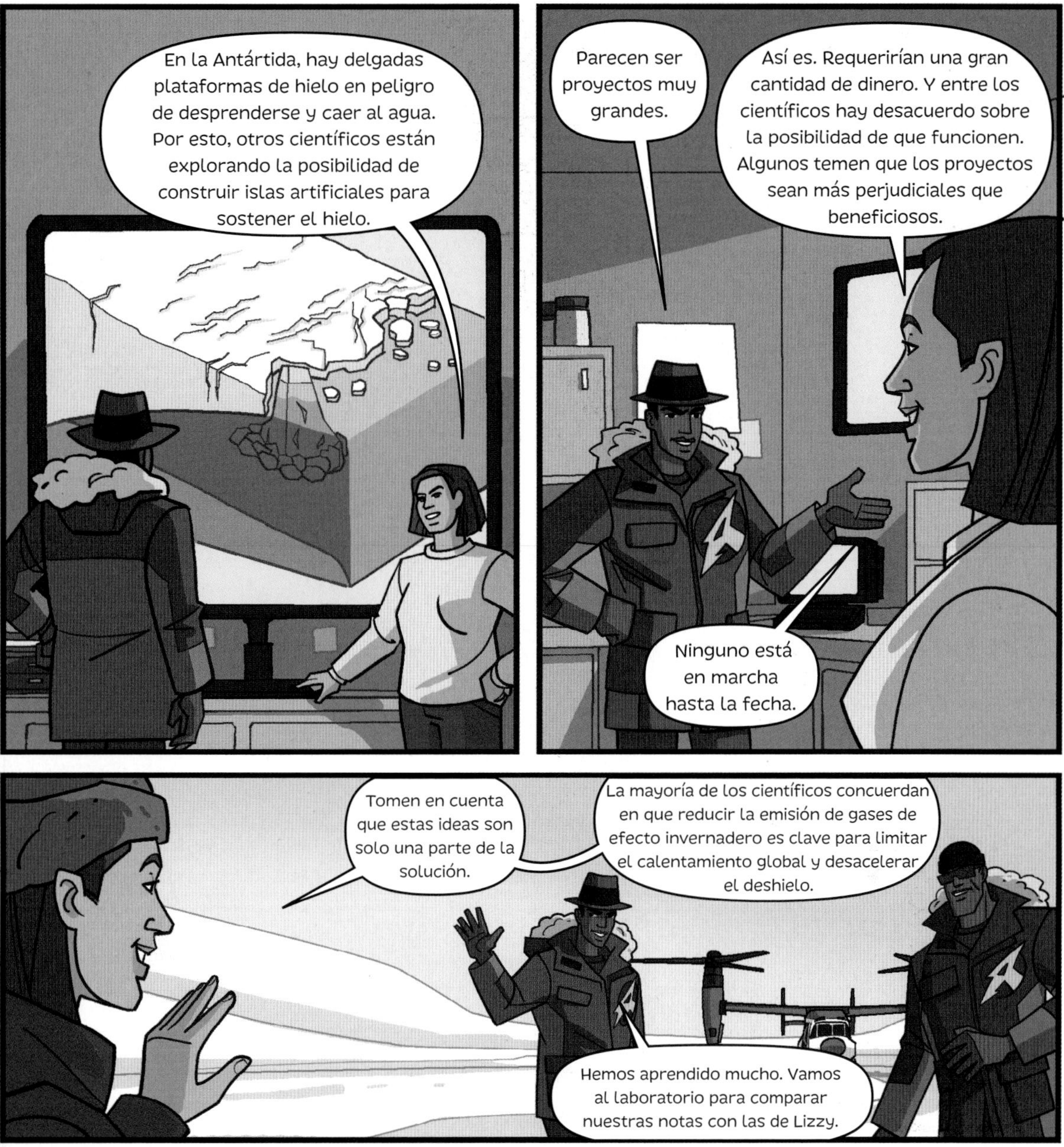
En la Antártida, hay delgadas plataformas de hielo en peligro de desprenderse y caer al agua. Por esto, otros científicos están explorando la posibilidad de construir islas artificiales para sostener el hielo.
Parecen ser proyectos muy grandes.
Así es. Requerirían una gran cantidad de dinero. Y entre los científicos hay desacuerdo sobre la posibilidad de que funcionen. Algunos temen que los proyectos sean más perjudiciales que beneficiosos.
Ninguno está en marcha hasta la fecha.
Tomen en cuenta que estas ideas son solo una parte de la solución.
La mayoría de los científicos concuerdan en que reducir la emisión de gases de efecto invernadero es clave para limitar el calentamiento global y desacelerar el deshielo.
Hemos aprendido mucho. Vamos al laboratorio para comparar nuestras notas con las de Lizzy.

LA VIDA EN LA ANTÁRTIDA

La Antártida cuenta con 80 estaciones de investigación, dirigidas por equipos de científicos de todas partes del mundo. Estudian el clima, la vida silvestre, la astronomía y la geología. En total, hay un promedio de 5 000 personas que desafían las rigurosas condiciones, ¡con temperaturas que pueden llegar a -128°F (-89°C)!

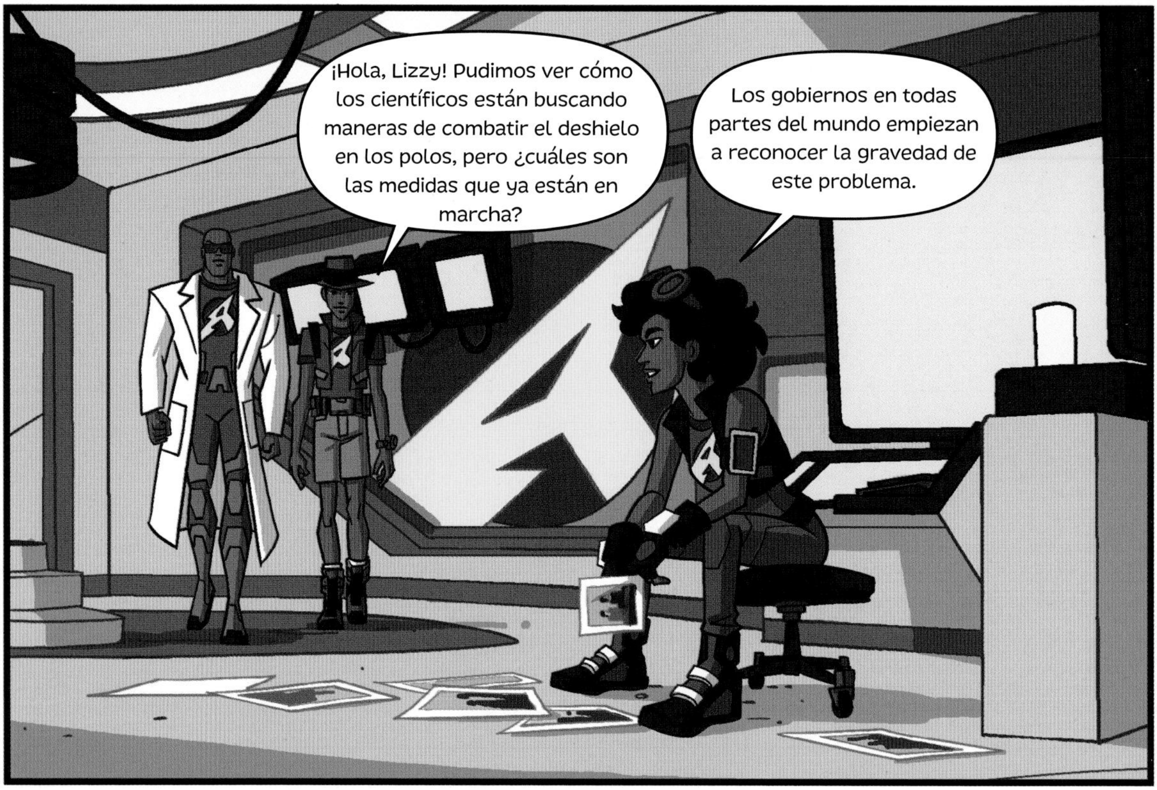
¡Hola, Lizzy! Pudimos ver cómo los científicos están buscando maneras de combatir el deshielo en los polos, pero ¿cuáles son las medidas que ya están en marcha?
Los gobiernos en todas partes del mundo empiezan a reconocer la gravedad de este problema.

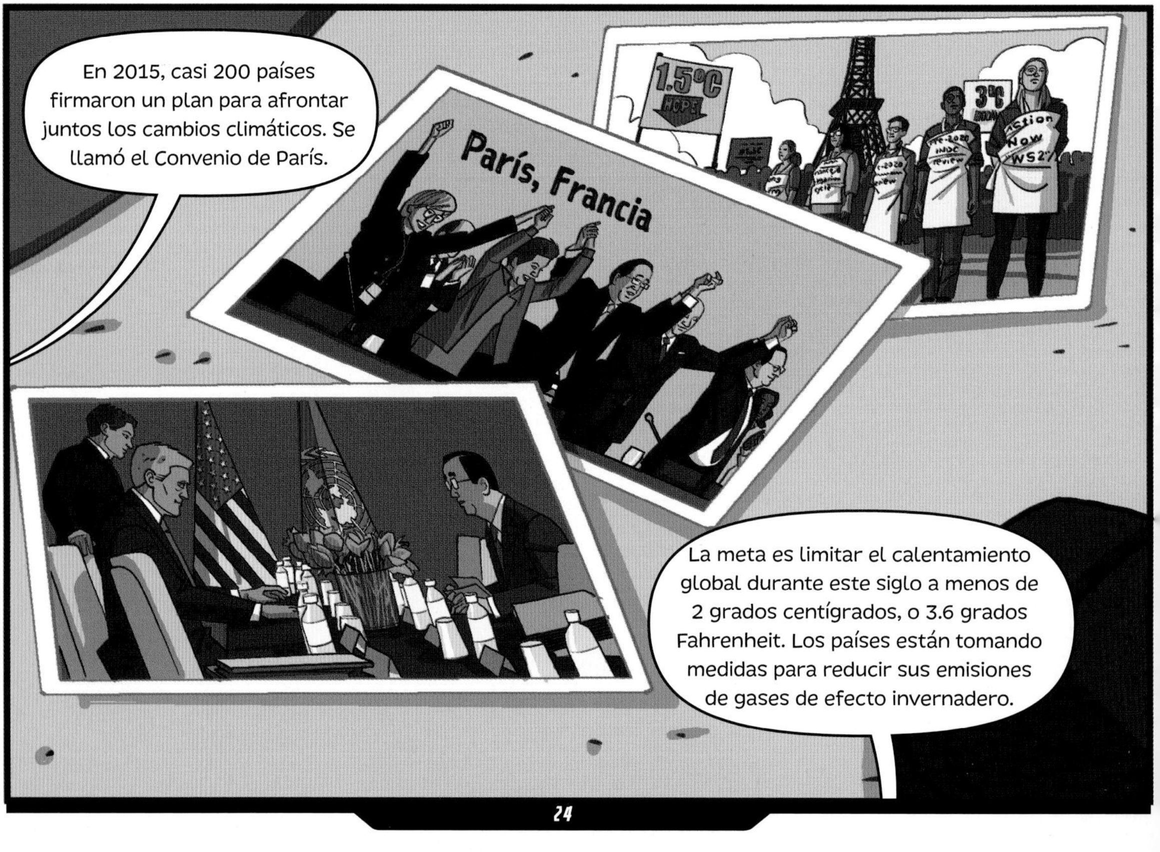
En 2015, casi 200 países firmaron un plan para afrontar juntos los cambios climáticos. Se llamó el Convenio de París.
1.5°C
HOPE
París, Francia
La meta es limitar el calentamiento global durante este siglo a menos de 2 grados centígrados, o 3.6 grados Fahrenheit. Los países están tomando medidas para reducir sus emisiones de gases de efecto invernadero.

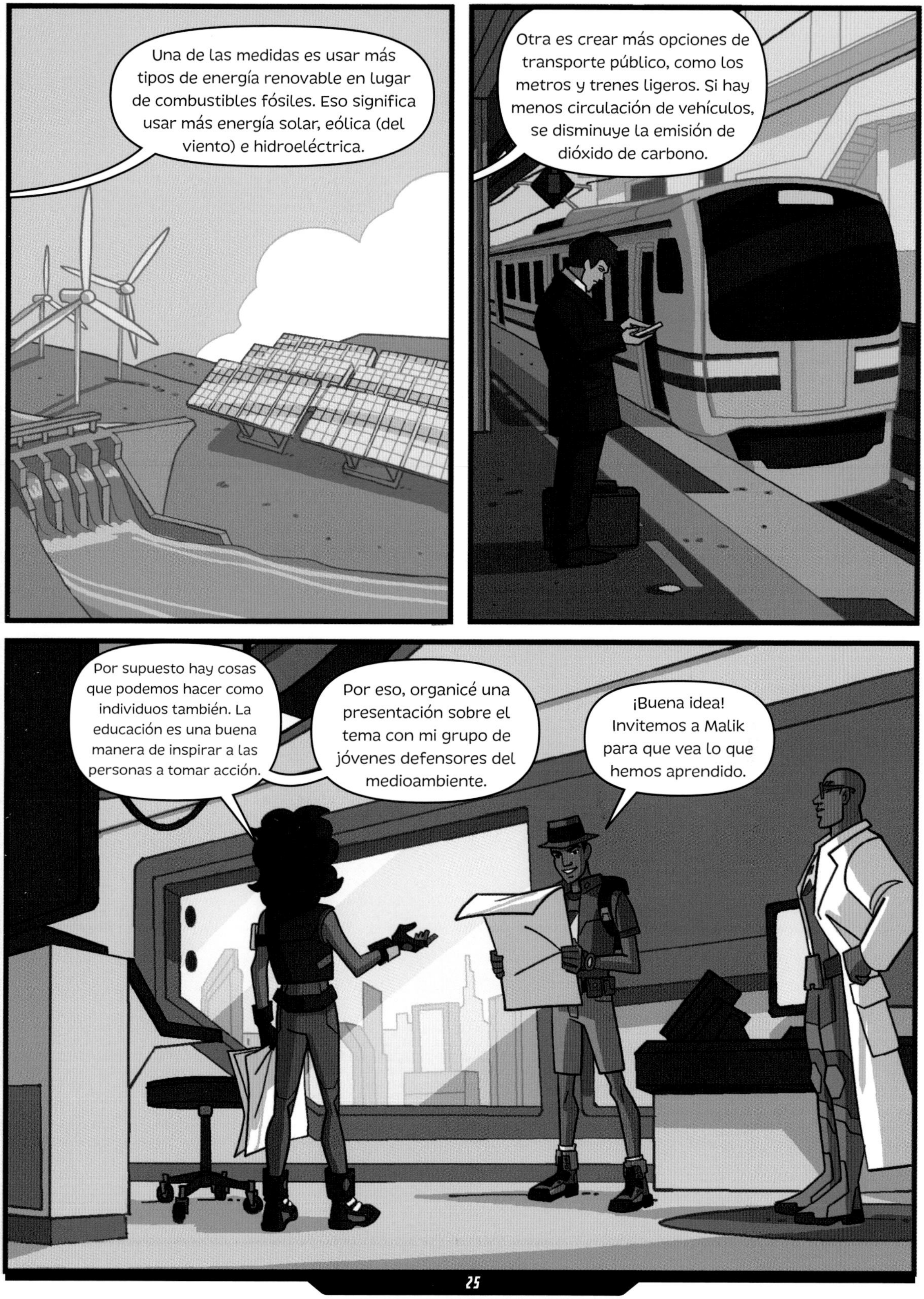
Una de las medidas es usar más tipos de energía renovable en lugar de combustibles fósiles. Eso significa usar más energía solar, eólica (del viento) e hidroeléctrica.
Otra es crear más opciones de transporte público, como los metros y trenes ligeros. Si hay menos circulación de vehículos, se disminuye la emisión de dióxido de carbono.
Por supuesto hay cosas que podemos hacer como individuos también. La educación es una buena manera de inspirar a las personas a tomar acción.
Por eso, organicé una presentación sobre el tema con mi grupo de jóvenes defensores del medioambiente.
¡Buena idea! Invitemos a Malik para que vea lo que hemos aprendido.

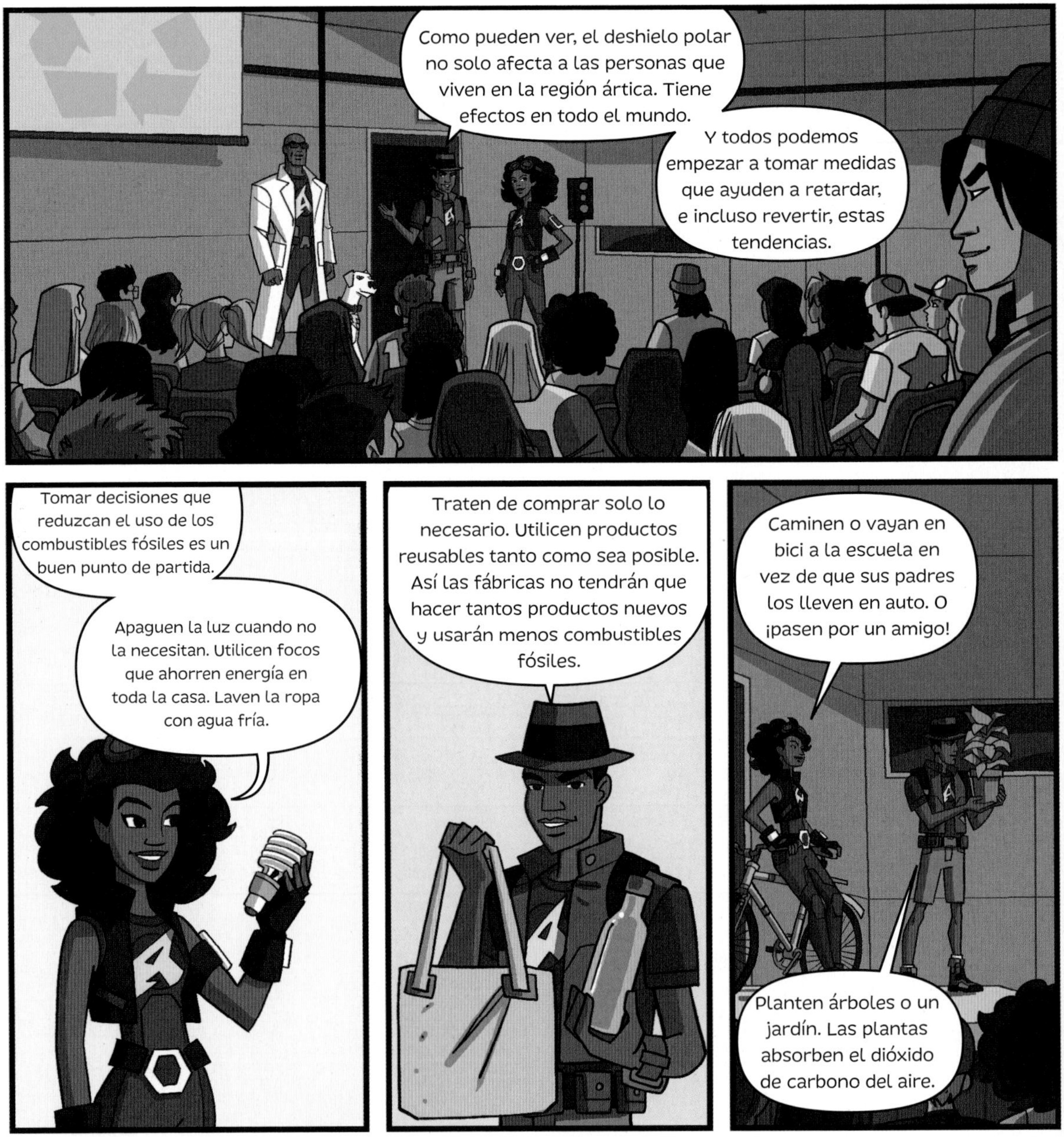
Como pueden ver, el deshielo polar no solo afecta a las personas que viven en la región ártica. Tiene efectos en todo el mundo.
Y todos podemos empezar a tomar medidas que ayuden a retardar, e incluso revertir, estas tendencias.
Tomar decisiones que reduzcan el uso de los combustibles fósiles es un buen punto de partida.
Apaguen la luz cuando no la necesitan. Utilicen focos que ahorren energía en toda la casa. Laven la ropa con agua fría.
Traten de comprar solo lo necesario. Utilicen productos reusables tanto como sea posible. Así las fábricas no tendrán que hacer tantos productos nuevos y usarán menos combustibles fósiles.
Caminen o vayan en bici a la escuela en vez de que sus padres los lleven en auto. O ¡pasen por un amigo!
Planten árboles o un jardín. Las plantas absorben el dióxido de carbono del aire.

CALCULADOR DEL IMPACTO ECOLÓGICO

Un calculador del impacto ecológico estima la cantidad de gases de efecto invernadero que crean las actividades del hogar. El impacto ecológico promedio de una persona en EE . UU . es de aproximadamente 16 toneladas. ¿Puedes reducir el tuyo? Hay un enlace a un calculador en línea en la sección Sitios web.

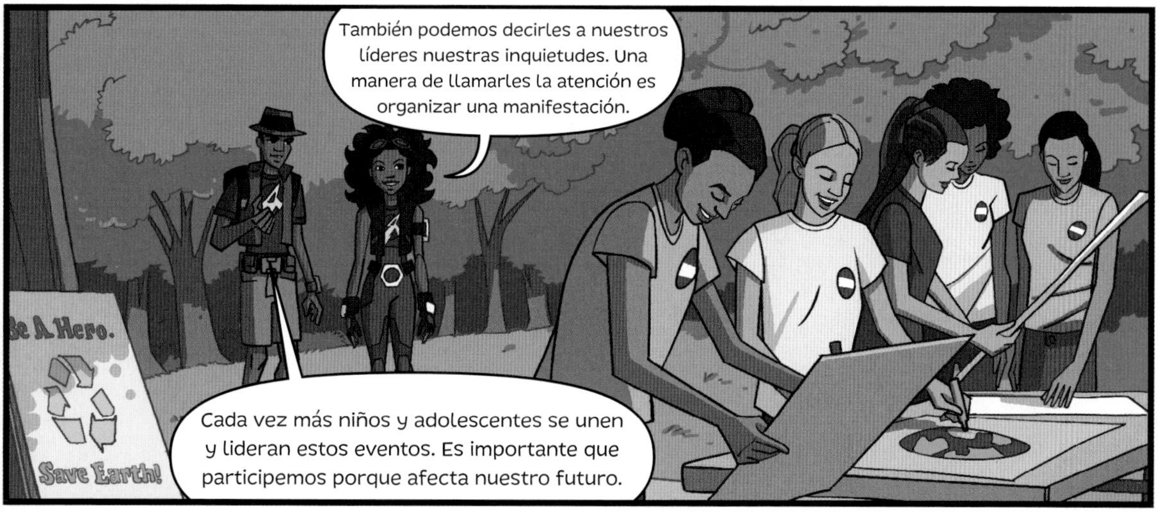
También podemos decirles a nuestros líderes nuestras inquietudes. Una manera de llamarles la atención es organizar una manifestación.
Cada vez más niños y adolescentes se unen y lideran estos eventos. Es importante que participemos porque afecta nuestro futuro.
Save Earth!

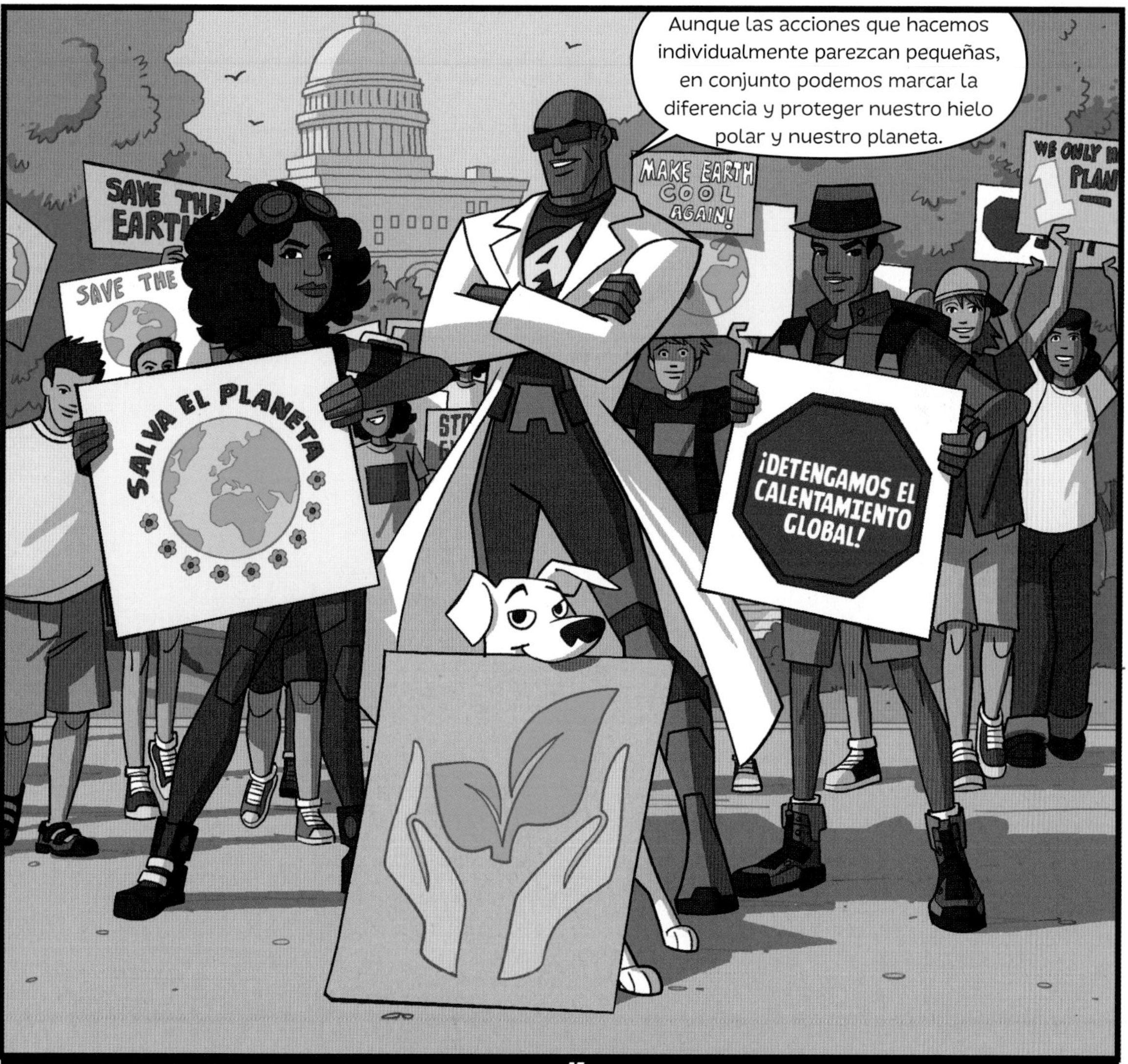
Aunque las acciones que hacemos individualmente parezcan pequeñas, en conjunto podemos marcar la diferencia y proteger nuestro hielo polar y nuestro planeta.
MAKE EARTH COOL AGAIN!
SAVE THE
SALVA EL PLANETA
¡DETENGAMOS EL CALENTAMIENTO GLOBAL!

DESHIELO TOTAL

Los niveles del mar empezaron a subir a principios de 1900 cuando el hielo polar empezó a derretirse. Los registros muestran una elevación del nivel del mar de 5 a 8 pulgadas (13 a 20 centímetros) desde 1900.

PERO ¿QUÉ OCURRIRÍA SI TODO EL HIELO DE LA TIERRA SE DERRITIERA DE REPENTE?

- Si todo el hielo del planeta se derritiera, los científicos calculan que el nivel del mar subiría 216 pies (66 m).

- Eso afectaría a millones de personas. Una gran parte de la población del mundo vive en las áreas costeras. En EE. UU., casi el 40 por ciento de las personas tienen casas cerca del océano.

- Ocho de las diez ciudades más grandes del mundo están cerca de la costa. De derretirse todo el hielo, las ciudades de Nueva York, Boston y San Francisco, entre otras, quedarían bajo el agua. También el estado entero de Florida y la Costa Este.

- Otras ciudades alrededor del mundo también serían aniquiladas: Londres, Estocolmo, Dublín, Venecia, Tokio y Shanghái, por nombrar algunas.

- En Sudamérica, la cuenca amazónica y la del río Paraguay se convertirían en enormes ensenadas de agua. Quedarían bajo el agua las ciudades de Buenos Aires y Sao Paulo.

- En Australia, la elevación del nivel del agua crearía un enorme mar epicontinental en la parte sur del continente.

¿La buena noticia? Los científicos no creen que todo el hielo de la tierra llegue a derretirse. Sin embargo, es importante hacer algo ahora para desacelerar o parar las causas de la elevación del nivel del mar. Lo que ya ha subido podría parecer poco, pero los efectos de ese "poco" ya se sienten, especialmente en las costas. Mientras antes empecemos a hacer cambios, más posibilidades hay de evitar problemas aún más graves en el futuro.

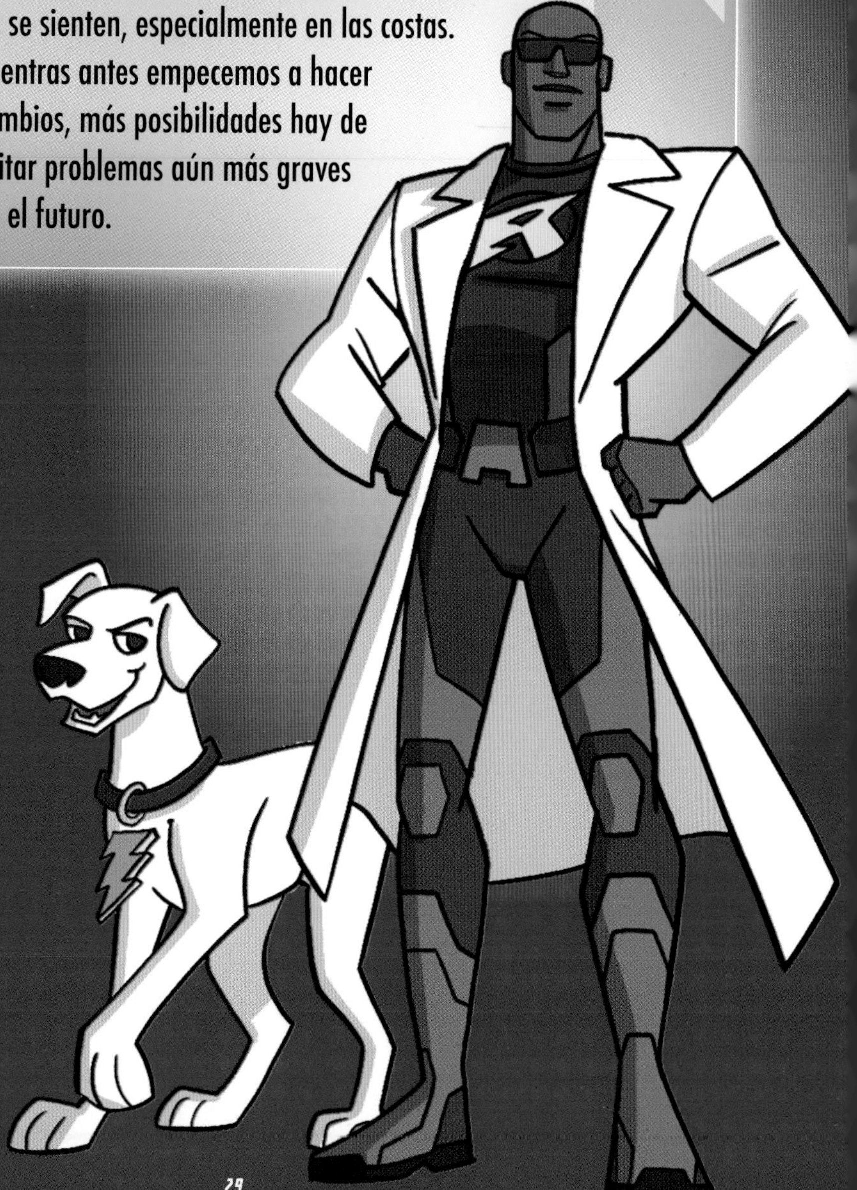

GLOSARIO

atmósfera—la mezcla de gases que rodean un planeta

banquisa—agua de mar congelada que flota sobre la superficie del océano

capa de hielo—hielo glacial grueso que cubre un área grande de tierra

clima—el tiempo promedio de un lugar durante un largo período de tiempo

combustibles fósiles—un tipo de combustible que se forma de los restos de plantas y animales en la Tierra; el carbón, el petróleo y el gas natural son combustibles fósiles

efecto albedo—la habilidad que tienen las superficies claras para reflejar más energía solar que las superficies oscuras

emisiones—sustancias dispersadas en el aire

gases de efecto invernadero—un tipo de gas, como el dióxido de carbono o el metano, en la atmósfera de la Tierra que atrapa la energía del calor del sol

geoingeniería—el diseño y la construcción de cosas que afectan directamente al medioambiente y los sistemas climáticos naturales de la Tierra

glaciar—una masa de hielo que se mueve lentamente, formada cuando cae nieve que no se derrite porque las temperaturas permanecen debajo del punto de congelación

iceberg—una masa grande de hielo que se ha desprendido de un glaciar y ahora flota en el mar

permafrost—una capa de tierra que permanece congelada

LEE MÁS

Hand, Carol. *Melting Arctic Ice.* Minneapolis: Essential Library, an imprint of Abdo Publishing, 2018.

Herman, Gail. Illustrated by John Hinderliter. *What Is Climate Change?* New York: Penguin Workshop, an imprint of Penguin Random House, 2018.

Raij, Emily. *Climate Change and You: How Climate Affects Your Life.* North Mankato, MN: Capstone, 2020.

SITIOS WEB

CoolClimate Network: Carbon Footprint Calculator
coolclimate.berkeley.edu/calculator

NASA Climate Kids: What Is Climate Change?
climatekids.nasa.gov/climate-change-meaning/

The National Snow and Ice Data Center
nsidc.org/

ÍNDICE

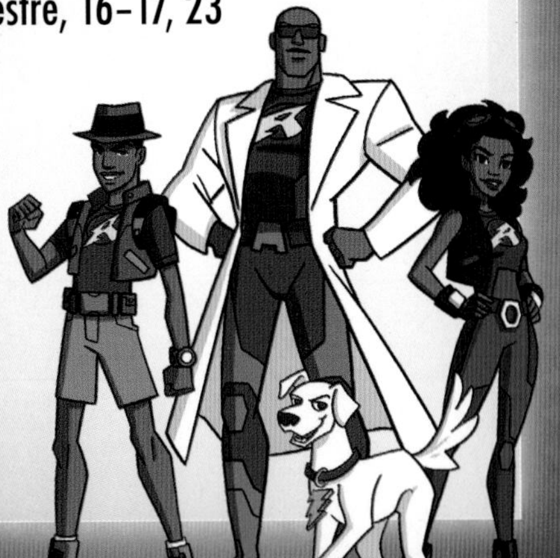